Sammlung Luchterhand 537

Über dieses Buch: Trotz aller Enttäuschungen hat Pablo Neruda seine letzten vier Lebensjahre nochmals ganz in den Dienst der Politik gestellt. Er vertrat die Unidad Popular, in Chile selbst und als Diplomat und international geachteter Dichter in Paris. Schwer krank, schrieb er Liebesgedichte, Verse, die sich mit dem nahen Tod auseinandersetzten, und neue Kampflieder gegen Imperialismus und Ausbeutung, gemäß der in der Nobelpreisrede (1971) formulierten Maxime, »der Dichter (habe) nur einen ernstzunehmenden Feind: seine eigene Unfähigkeit, sich zu verständigen mit den am meisten Mißachteten und Ausgebeuteten unter seinen Zeitgenossen«. Tragisches Ende: die acht Gedichtbände, Pablo Nerudas postumes Werk, das hier zum ersten Mal und vollständig abgedruckt wird, sollten auf Wunsch des Dichters zu seinem 70. Geburtstag erscheinen. Aus diesem Anlaß und als Dank wollte Salvador Allende ein großes Fest ausrichten. Zu beidem kam es nicht mehr, der Militärputsch am 11. September 1973 verhinderte Feste.

Über den Autor: 1904 als Sohn eines Eisenbahners geboren, 1921 Beginn des Studiums in Santiago de Chile, seit 1923 regelmäßige Veröffentlichung von Gedichten, 1927–1932 chilenischer Honorarkonsul im Fernen Osten, 1935 Konsul in Madrid, 1937 Rückkehr nach Chile, 1940–1943 Generalkonsul in Mexiko, 1949–1952 Emigration und zahlreiche Reisen in Amerika, Europa und Asien. 1970 wird Neruda zum Präsidentschaftskandidaten der Kommunistischen Partei aufgestellt. Er verzichtet zugunsten von Salvador Allende. 1971 Nobelpreis für Literatur. Pablo Neruda überlebte den gewaltsamen Sturz Allendes in Chile 1973 nur um 12 Tage.

Pablo Neruda
Letzte Gedichte

Vollständige Ausgabe

Aus dem Spanischen von Monika López
und Fritz Vogelgsang
Herausgegeben von Karsten Garscha

Luchterhand
Literaturverlag

Der Originaltitel lautet: Poemas postumos

Sammlung Luchterhand, September 1988
Lektorat: Klaus Siblewski

Gesamtherstellung bei der Druck- und Verlags-Gesellschaft, mbH, Darmstadt
ISBN 3-630-61537-6

Die abgeschnittene Rose
(1974)

EINFÜHRUNG IN MEIN THEMA

Zur Osterinsel und den Erscheinungen
fahr ich, satt von Türen und Straßen,
zu suchen, was ich dort nicht verloren.
Der Januar, der dürre Monat,
gleicht einer Ähre:
Sein gelbes Licht hängt an Chile,
bis ihn wegschwemmt das Meer und ich
aufs neue fort und heimwärts fahre.

Statuen hat die Nacht erbaut und
zum geschloßnen Kreis gestreut, auf daß
niemand erblicke sie, allein das Meer.

(Zu bergen fuhr ich, sie aufzurichten
an meiner verschollenen Wohnstatt.)

Und hier, graue Erscheinungen ringsum
und Weltraumweiß, blaue Bewegung,
Meerwasser, Wolken, Stein, beginne ich
von vorn die Leben meines Lebens.

I DIE MENSCHEN

Ich bin auf Pilgerfahrt
zur Osterinsel, ein Herr,
ein Fremder, will pochen an der Stille Türen:
auch einer der Dahergewehten, die
einfach überfliegen das ganze Meer:
Hier steh ich, lästig wie alle Pilger,
die auf Englisch hochpäppeln, hochstemmen die Ruinen:
noble Esser am Touristiktisch, gleich Sindbad
und Kolumbus, nur entdecken sie nichts
außer der Kneipenrechnung.

Ich bekenne: Wir haben
geschlachtet die Segler, fünf Masten und madiges Fleisch,
erstickt die bleichen Logbücher schwindender Seefahrer;
wir fahren in gewaltigen Aluminiumgänsen, sitzen
ordentlich da, nippen an sauren Gläsern und steigen
im Gänsemarsch aus gemütlichen Bäuchen.

II DIE MENSCHEN

Wahrheit des Prologs. Tod dem Romantiker,
dem Fachmann in Isolationen: Ich bin
nicht anders als die Professorin aus Kolumbien,
der Rotarier aus Philadelphia, der Kaufmann
aus Paysandú, der scheffelte
für die Reise hierher. Aus anderen Straßen reisen wir,
aus verschiedenen Sprachen, in die Stille.

Uraltes Rapa Nui, Land ohne Stimme,
vergib uns Vielrednern aus der Welt,
aus allen Ecken kommen wir, spucken auf deine Lava,
mit Zwist beladen, mit Fehden, mit Blut,
Tränen, Verdauung, Kriegen und Pfirsichen,
in kleinen feindseligen Gruppen, verlogen
lächelnd, vom Himmel zusammengewürfelt
auf dem Tisch deiner Stille.

Da sind wir abermals, dich zu beflecken.

Als erstes grüße ich den Krater, Rana Raraku, seine Lider
aus Lehm, seine alten grünen Lippen:
Weit ist er, von hohen Wandungen umkreist, umschlossen,
aber das Wasser drunten, spärlich, trübe, schwärzlich,
lebt, hält Verbindung mit dem Tode
gleich einem Leguan, starr, schläfrig und verkrochen.

Ich sah, ein Lehrling der Vulkane,
als Kind noch des Aconcaguas Zungen,
sah, wie Glut erbrach der Tronador, wie stürzte
in Schreckensnacht das Licht
vom Villarrica, die Kühe erschlug
als Sturzflut, Pflanzen verkochte, Zelte, prasselnd
Felsbrocken noch schleuderte in den Flammenfraß.

Doch hätte es mich hierher verschlagen als Kind,
auf diesen Vulkan, der tot seit tausend Jahren,
auf Rana Raraku, Nabel des Todes, ich hätte
vor Grauen aufgeheult und hätte gehorcht,
hätte stumm verrinnen lassen mein Leben, wäre
abgestürzt in grüne Angst, zahnlosen Kraterrachen,
zu Lehm geworden wär ich, zu Leguanzungen.

Stille lagert im Trog und Schrecknis
im Mondmaul; es ist eine Minute, eine Stunde,
die lastet, als wolle die Zeit, die stillsteht,
zum gigantischen Felsen werden;
ganz kurz nur; gleich zersetzt
die Zeit auch ihre neue, unformbare Statue,
steht der Tag wie eingekerkert so starr
im Krater, im Kerker des Kraters,
tief in den Leguanaugen des Kraters.

IV DIE MENSCHEN

Plumpe Passanten, rempeln wir uns an mit Ellbogen,
mit Füßen, mit Hosen, mit Koffern,
steigen aus Zügen, Jets, Schiffen, steigen
mit zerknitterten Anzügen aus, mit Hüten kläglich.
Sind schuldig, Sünder, kommen
aus stockenden Hotels oder industriellem Frieden,
im letzten Hemd vielleicht,
der Schlips verloren,
und sind doch, wie wir sind, verdreht und feierlich,
Mistkerle mit Ansehen in den besten Kreisen,
auch schlichte Schweiger, Selbstmademänner,
uns gleich, die gleichen gegenüber der Zeit,
der Einsamkeit, sind arme Menschen,
die sich das Nötige besorgt haben zum Leben und zum Tod
durch ihre Arbeit, redlich, bürotragisch,
die sich gesetzt, gedrängt haben auf U-Bahnhöfen,
auf Schiffen, in Gruben, Schulen, in Kerkern,
an Universitäten, in Brauereien
(unterm Rock die stets gleiche Haut, die dürstet),
(das Haar, das gleiche Haar, nach Farben verteilt).

V DIE INSEL

Alle Inseln im Meer hat erschaffen der Wind.

Hier aber hat der gekrönte, der lebendige Wind, der erste
sein Haus erbaut, seine Flügel gefaltet, gewohnt:
Vom winzigen Rapa Nui aus weitete er sein Revier,
blies, ergoß sich, offenbarte seine Gaben
nach Westen hin, nach Osten, zum vereinigten Raum hin,
bis er auspflanzte reine Keime,
bis es zu wurzeln begann.

VI DIE INSEL

O Melanesien, mächtige Ähre,
Inseln genitalen Winds, gezeugt
und hernach verdoppelt vom Wind.

Aus Lehm, Wäldern, Humus, aus Sperma im Flug
entstand die wilde Perlenkette der Mythen:
Polynesien: grüne Pfefferkörner, verstreut
übers Meeresfeld von den rastlosen Fingern
des Herrn über Rapa Nui, seiner Hoheit des Winds.
Die erste Figur war aus nassem Sand,
er formte und zerbrach sie heiteren Sinnes.
Die zweite Statue baute er aus Salz,
und das feindliche Meer warf singend sie um.
Als dritte Statue aber schuf der Herr, der Wind,
einen Moai aus Granit, und der bestand fort.

Dies Werk, das gemeißelt die Hände der Luft,
die Handschuhe des Himmels, blaue Atmosphärenwirbel,
diese Arbeit taten transparente Finger:
einen Rumpf, steil ragend das nackte Schweigen,

verheimlichend der Blick aus Stein,
die Nase dreikantig wie am Vogel oder Bug,
und auf der Statue wundersam ein Bildnis:
Die Einsamkeit nämlich hat dieses Antlitz,
die Weite nämlich ist dies Gerade ohne Ritzen
und Entfernung diese Klarheit im rechten Winkel.

VII DIE INSEL

Als sich vermehrten die Kolosse
und aufrecht dahingingen,
bis die Insel voll steinerner Nasen,
und sie rege Nachwuchs aussandten: Kinder
von Sturm und Lava, Enkel
von Luft und Asche stampften da
mit großen Füßen über die Insel.
Nie zuvor hat soviel getan
mit seinen Händen der Wind,
mit seinen Morden der Orkan,
die Beharrlichkeit Ozeaniens.

Große klare Köpfe
auf hohen Hälsen, schweren Blickes,
riesig gereckte Kinnladen
in ihrer Einsamkeit Hochmut,
Zeugen,
anmaßende Zeugen,
besorgt.

O Edle, gravitätisch einsam,
wer hat es gewagt, wer wagt es
zu befragen, auszuforschen
die fragenden Statuen?

Die Frage selber sind sie, versprengt,
die hinausreicht über das eng Umrißne,
die schmale Taille der Insel,
und zum offnen Meer strebt, zum Grund
des Menschen und seines Nicht-Hier.

Manche Gestalten konnten nicht aufstehn,
ungeformt blieben ihre Arme, verschlossen
noch im Krater, schlummernd
liegen sie in der Rose aus Kalkstein,
schlagen ihre Augen noch nicht auf zum Meer,
und die Traumgeschöpfe, groß und waagrecht
sind die steinernen Larven des Rätsels:
Bei seiner Flucht von der Erde ließ der Wind sie hier,
als er keine Lavakinder mehr zeugte.

VIII DIE INSEL

Die Gesichter besiegt in der Mitte,
geborsten, gestürzt, ihre großen Nasen
gedrückt in die Kalksteinkruste der Insel,
deuten die Giganten auf wen? auf niemand?
Eine Straße, sonderbare Gigantenstraße:
Da zerbrachen, fielen sie auf dem Vormarsch,
und da blieb ihr erstaunliches gestürztes Gewicht,
küssend die heilige Asche, heimkehrend
ins vorgeburtliche Magma, todwund, überdeckt
von Ozeanlicht, kurzem Regen, Staub
von Vulkanen und später
der Einsamkeit hier am Nabel der Welt,
der runden Einsamkeit allen Meers auf einmal.

Sonderbar, es hier leben zu sehn, im Innern
des Kreises, zuzusehen, wie die rosenroten

Langusten unwillig in die Körbe fallen
aus den Händen der Fischer
und die Männerkörper erneut ins Wasser tauchen,
heimsuchen die Höhlen, darin wohnt ihre Ware,
wie alte Frauen Hosen stopfen, zerschlissen
von der Armut, und wie durchs Laubwerk

das allerschönste Mädchen sich selbst zulächelt
und der Sonne und dem klirrenden Mittag,
der Kirche von Pfarrer Englert, der darin begraben,
ja, lächelt, erfüllt von einem Glück, so entrückt,
als wäre es ein kleiner Krug, darin es summt.

IX DIE MENSCHEN

Uns hat man eingeimpft, ehret die Kirche,
hustet nicht, spuckt nicht vor den Tisch des Herrn,
wascht eure Wäsche nicht auf dem Altar,
dabei ist es anders: Das Leben sprengt Religionen,
und diese Insel, einst Wohnstatt des Gottes Wind,
ist die einzige lebende und wahre Kirche:
Ein und aus gehen die Lebendigen hier,
sterben und paaren sich:
Auf der Osterinsel, wo alles Altar ist,
alles eine Werkstatt für Unbekanntes,
die Frau ihr neues Geschöpf nährt
auf den Stufen, darauf einst ihre Götter schritten.

Hier leben! Allerdings – auch wir?
Passanten, auf dem falschen Stern gelandet, würden wir
untergehen doch auf der Insel wie auf einer Lagune,
einem See, darein alle Fernen münden, einem
Abenteuer ohne Fortbewegung, dem schwierigsten des
Menschen.

X DIE MENSCHEN

Ja, ihr nächstens Ernüchterten, bevor's zurückgeht
in den Pferch, den Bienenstock der tristen Bienen,
Urlauber ihr, der Heimkehr sicher, Mitbewohner
der schwarzen Straße mit Antiquitätenläden
und Mülltonnen, Stiefgeschwister
in Nummer dreiunddreißigtausendvierhundertsiebenund-
zwanzig,
fünfter Stock, Wohnung A, Be oder Jott,
vis-à-vis »Astorquiza, Williams & Compañía«, Lebensmittel,
ja, armer Bruder, der du ich bist,
jetzt wissen wir's endlich, wir bleiben
nicht hier, nicht mal in Ketten, nun da wir wissen,
daß uns die Pracht zu groß ist,
zu eng die Einsamkeit, wie der Anzug dem Kind,
das zu schnell wächst, oder wie
wenn Dunkel den Tag übermannt.

XI DIE MENSCHEN

Wir sind sichtlich geboren, uns zu hören, zu sehen,
uns zu messen (im Hochsprung, Geldverdienen
und so weiter, im Gewinnen),
uns zu ignorieren (mit einem Lächeln), uns zu belügen,
auch zur Verständigung, zur Ungerührtheit, zum
gemeinsamen Speisen.
Nur zeige uns keiner die Erde, unsre Vergeßlichkeit
ist hart erkämpft, vergessen die Luftträume,
nur auf der Zunge schmeckt es noch nach Staub und Blut,
hinuntergespült die Erinnerung
mit Wein und Bier, nur weg, nur schnell
weg von so veralteten Dingen wie Mutter, Erde, Leben.

XII DIE INSEL

Strenge Profile, gehauen aus Kraterstein, Nasen
dreikant, die Gesichter steifer Honig,
stumme Glocken, ihr Geläut ist
ohne Zurück zum Meer verweht, Kinnladen, Blicke
aus Sonne starr, ein Königreich
der großen Einsamkeit, senkrechte
Spuren:
Ich bin der Neue, der Dunkle,
aufs neue Strahlende:
komme vielleicht zum Leuchten,
wünsch mir den Raum aus Glut
ohne Vergangenheit, den Lichtblitz,
Ozeanien, Klippe und Wind,
anfassen, schauen, wieder aufbauen,
auf Knien bitten um der Sonne Keuschheit,
mit meinen armen blutgen Händen freischaufeln
    mein Schicksal.

XIII DIE MENSCHEN

Weit, weit sind wir gefahren,
steinerne Augenhöhlen zu verstehn,
erloschne Augen, die dennoch blicken,
große Gesichter, zur Ewigkeit bestimmt.

XIV DIE MENSCHEN

Wie weit, weit, weit sind wir schon
fort von den harten Masken, die steif dastehn
inmitten der Stille; wir gehn, noch umfangen
von ihrer Unnahbarkeit, ihrem Stolz.

Wozu kamen wir denn zur Insel?
Doch nicht der blühenden Männer Lächeln,
der schönen Ataroa knisternde Hüften
oder die dreistäugigen Knaben zu Pferde
wolln wir nach Hause mitnehmen:
vielmehr des Ozeans Leere, eine dürre Frage,
Antworten tausendfach auf verächtlichen Lippen.

XV DIE MENSCHEN

Kehrt macht der Reisende, der Gast, der Zufriedene,
will wieder auf Rädern rollen, will fliegen,
Schluß mit der feierlichen Stille, einmal muß man
hinter sich lassen die schimmernde Öde
aus lichter Luft, Wasser, hartem und klarem Gras,
fliehen, fliehn, entfliehn dem Salz, der Bedrohung,
dem einsamen Rund im Wasser,
wo mit hohlen Augen das Meer,
mit Rückgrat, mit Lidfalten die schwarzen Statuen
gebissen haben nach dem entsetzten Städtebürger.
Ach, Osterinsel, hol mich nicht ein,
zu hell bist du, zu fern,
und soviel Stein, soviel Wasser:
Too much for me! Wir fahren!

XVI DIE MENSCHEN

Der Müde, das Waisenkind
der Massen, das Ich,
der Geräderte, Einbetonierte,
der Heimatlose in überfüllten Lokalen,
der weiter wollte, immer weiter,
er wußte nicht, was tun auf der Insel, wollte
bleiben, abreisen und auch wieder nicht,
der Zauderer, der Zwiespältige, in sich selber Verstrickte,
hier war kein Platz für ihn: Das steinern Aufrechte,
der Endlosblick des Prismas aus Granit,
die runde Einsamkeit stießen ihn aus:
Er ging woandershin mit seinen Kümmernissen,
heim zu seinen angeborenen Todesnöten,
zum Schwanken zwischen Kälte und Sommer.

XVII DIE INSEL

O Turm aus Licht, traurige Schönheit, die
übers Meer gebreitet hat Statuen und Perlenschnüre,
Kalksteinauge, Hoheitszeichen weiten Wassers, Schrei
des trauerschwarzen Sturmvogels, Zahn des Meeres, Gemahlin
des Winds in Ozeanien, o Rose, abgeschnitten
vom zerhackten Rosenstock,
den die Tiefe gewandelt hat zum Archipel,
o gewachsenes Gestirn, grünes Diadem,
allein in deiner einsamen Dynastie,
immer noch unnahbar, scheu, ausgestorben,
wie ein Tropfen, wie eine Traube, wie das Meer.

XVIII DIE MENSCHEN

Wie ein dem Wasser Entsteigendes, Nacktes,
ein Ungebrochenes,
Augenlid aus Platin, Salzgeriesel,
Tang, zuckender Fisch, ein blanker Degen,
trenne ich, abseits von den andern, mich
von der abgetrennten Insel, gehe fort
umflutet von Licht,
und gehöre ich gleich den Herden an,
denen, die in Scharen herein- und heraustappen,
dem Einheitstourismus, der großen Sippe,
bekenne ich doch, ich hänge zäh am Boden,
danach es verlangt die Morgenröte Ozeaniens.

XIX DIE MENSCHEN

Hastig kehren wir heim, um auf Ernennungen zu warten,
aufreizende Meldungen, grämliche Diskussionen,
Gärstoffe, Kriege, Krankheiten, Geklimper,
das uns anspringt, auf uns einschlägt pausenlos,
melden uns zurück bei unseren Regimentern,
obwohl sich alle zusammengetan und uns für tot erklärt:
Da sind wir wieder mit unserm falschen Lächeln,
sagen wir, gereizt, man könnte uns vergessen,
und haben doch auf der Insel dort ohne Palmen,
wo scharf umrissen die steinernen Nasen ragen
wie Dreiecke, mitten in Himmel und Salz gezeichnet,
dort auf dem winzigen Nabel der Meere,
selber vergessen die letzte Klarheit,
den Raum, das Staunen vor jenen Gefährten,
die ihr kahles Gestein hochhalten, ihre Wahrheit,
ohne daß einer sie zu lieben, mit ihnen zu leben wagte,
auch ich bin zu feige, ich gestehe es:

Allein vergänglichen Bauten fühlte ich mich
gewachsen, und in dieser Hauptstadt ohne Mauern,
erschaffen aus Licht, aus Salz, Stein und Gedanken,
gaffte wie alle ich und lief erschrocken fort,
wandte mich ab vom klaren Licht der Mythen,
den Statuen, die blau umringt vom Schweigen.

XX DIE INSEL

Aus andern Gegenden (Ceylon, Orinoko, Valdivia)
reiste ich ab mit Lianen, Schwämmen, Fäden
der Fruchtbarkeit, mit den Schlingpflanzen
und schwarzen Wurzeln aus der Erdenfeuchte.
Von dir aber, Rose im Meer, unbedingter Fels,
reise geläutert ich ab, gieß das Licht des Winds ich aus,
lebe ich von neuem, blau, metallisch, kenntlich.

XXI DIE MENSCHEN

Ich aus den Wäldern, Eisenbahnen im Winter,
ich, der Bewahrer jenes Winters,
des Drecks,
in einer Straße, altersschwach und elend,
obskurer Dichter ich empfing den Kuß aus Stein
auf meiner Stirn,
und meine Betrübnisse waren geläutert.

XXII DIE INSEL

Liebste, mein Lieb, uns trennt
ebensoviel Meer wie Schnee und Ferne,
Winzige du, Rätselhafte, umringt
von Ewigkeit, dir danke ich
nicht allein deinen Mädchenblick,
dein verborgenes Weiß, heimliche Rose,
auch das moralische Strahlen deiner Statuen,
den lässigen Frieden, den in meine Hände du gelegt:
den Tag, der innehält in deinem Schlund.

XXIII DIE MENSCHEN

Denn kämen wir alle dorthin
wie sterbende Elefanten,
restlos gefaßt auf Sauerstoff,
wären gewappnet wir, Satte und Hungrige,
Araber und Bretonen, Bürger aus Tehuantepec
und Hamburg, harte Kerle aus Chicago und Senegalesen,
alle; wenn wir begriffen: Dort liegen die Schlüssel verwahrt
zum Atem, zum Gleichgewicht,
ruhend auf der Wahrheit von Fels und Wind,
wäre es so, eilten die Rassen, entvölkerten sich
die Nationen,
segelten in Haufen wir zur Insel,
wären wir alle weise auf einen Schlag und führen
nach Rapa Nui, wir würden sie umbringen,
umbringen mit unsern Riesenschritten, mit Dialekten,
Spucke, Schlachten, Religionen,
und auch dort ginge die Luft zu Ende,
schlügen die Statuen zu Boden,
würden zu dreckigen Klötzen die Nasen aus Stein,
und alles stürbe bitter ab.

XXIV DIE INSEL

Leb wohl, leb wohl, heimliche Insel, Rose
der Läuterung, Nabel aus Gold:
Einer wie der andere tun wir wieder unsre Pflicht
in unsern trauerschwarzen Berufen und Ämtern.

Leb wohl, halte der große Ozean dich
fern unserer sterilen Sprödheit!
Dies ist die Zeit, da man die Einsamkeit haßt:
Birg, Insel, die alten Schlüssel
unter den Gerippen;
sie werden uns vorwerfen, bis sie zu Staub zerfallen
in ihren Höhlen aus Fels,
unsere sinnlose Invasion.

Wir reisen ab. Und dies Lebwohl, freigebig und vergeblich,
ist eins unter vielen, ein Lebwohl,
an dem nichts feierlich ist, als was dort bleibt:
die starre Ungerührtheit in der Mitte des Meers:
hundert Blicke aus Stein, die nach innen blicken
und hin zur Ewigkeit des Horizonts.

Garten im Winter
(1974)

DER EGOIST

Niemand fehlt im Garten. Da ist niemand:
nur der schwarzgrüne Winter und der Tag,
schlaflos wie eine Erscheinung,
weißes Gespenst, klammkaltes Totenhemd
auf Schloßtreppen. Es ist auch Zeit,
daß niemand kommt, nur Tropfen
fallen, zu denen der Tau geronnen
auf kahlen Winterästen,
und ich und du in diesem öden Land,
unbesiegbar und allein, wartend,
daß niemand kommt, nein, niemand komme
mit Lächeln oder Medaillen oder Budgets,
uns etwas anzutragen.

Dies ist die Zeit
der welken Blätter, zertreten
auf der Erde, da sie
von Sein und Nichtsein heimkehren in den Grund
und Gold und Grün ablegen,
bis sie wieder Wurzeln sind
und dann wieder, zerreibend sich und neu erstehend,
aufsteigen, um den Frühling zu erfahren.

O Herz, versunken
in mir, in meiner eigenen Amtstracht,
welch großmütiger Übergang erfüllt dich!
Ich bin nicht schuld,
wenn einer floh oder herzukam,
Mißgeschick konnte mich nicht verschleißen!
Sogar das Glück kann bitter schmecken,
küßt man es alle Tage,
und von der Sonne befreit man sich
nicht anders als durchs Sterben.

Was soll ich tun, da mich der Stern
zum Funkeln auserkoren und der Stachel
so manchem wehzutun mich hat verführt?
Was soll ich tun, da jede Handbewegung
mich angenähert hat der Rose?
Soll ich für diesen Winter um Verzeihung
bitten, den fernsten, unnahbarsten,
wegen des Mannes von einst, der sann auf Kälte,
ohne daß seines Glückes halber jemand litte?

Und wenn, gestellt vor diese Wege:
– das ferne Frankreich, Zahlen aus Nebel –
heimkehre ich in die vier Wände meines Lebens,
den Garten einsam, die arme Gemeinde,
und dieser Tag wie jeder andre plötzlich
in berückende Reinheit gekleidet
herabsteigt auf den Treppen, die nicht da sind,
und es scharf nach Verlassenheit riecht,
nach Nässe, Wasser, Neugeborenwerden,
was soll ich tun, wenn ich ohne Hilfe atme,
warum soll ich mich schwer verwundet fühlen?

GAUTAMA CHRISTUS

Die Namen Gottes und besonders die seines
Repräsentanten,
Jesus oder Christus geheißen, wie Texte und Münder
bezeugen,
man hat sie gebraucht, verbraucht und liegen lassen
am Ufer zahllos verströmenden Lebens
wie die leeren Schalen einer Molluske.
Dennoch, berühren wir diese Namen, geheiligt
und ausgeblutet, versehrte Blütenblätter,
Ausverkaufstücke von Ozeanen der Liebe und der Furcht,

so ist immer noch etwas da: eine Lippe von Achat,
eine Regenbogenspur, die zitternd erschimmert im Licht.

Während die Namen Gottes gebraucht wurden
von den Besten und von den Schlimmsten, von den
Reinen und von den Schmutzigen,
von den Weißen und von den Schwarzen, von den
blutbespritzten Mördern
und den umloderten Opfern, die im Napalm
verbrannten,
während Nixon mit den Kainshänden
die von ihm zum Tode Verurteilten segnete,
während immer weniger, immer winzigere Spuren des
Göttlichen am Strand zu finden waren,
begannen die Menschen die Farben zu studieren,
die Zukunft des Honigs, das Zeichen des Urans,
verzweifelt und hoffnungsvoll suchten sie nach
Möglichkeiten,
sich zu töten und sich nicht zu töten, sich in Reihen
zu organisieren,
weiterzukommen, rastlos die eigene Begrenztheit zu
überwinden.

Wir, die wir diese Zeiten durchquerten, mit dem
Geschmack von Blut auf den Lippen,
von Trümmerrauch, von toter Asche,
und nicht fähig waren, den Blick zu verlieren,
wir hielten oftmals inne vor den Namen Gottes,
hoben sie auf mit Zärtlichkeit, weil sie uns gemahnten
an die Vorfahren, an die Ersten, an die, welche fragten,
an die, welche den Hymnus fanden, der sie verband
im Unglück,
und jetzt, die hohlen Scherben vor Augen, Bruchstücke,
ehmals bewohnt von jenen Namen,
fühlen wir diese linden Substanzen,
verbraucht, vertan, von der Güte und von der Bosheit.

BIRKENRINDE

Wie die Haut der Birke
bist silbrig du und duftest:
Ich muß deine Augen mitzählen
beim Beschreiben des Frühlings.

Weiß ich auch nicht, wie du heißt,
ohne Frau kein erster Band:
Bücher schreibt man mit Küssen
(ich bitte euch, seid still,
damit der Regen sich nähert).

Will sagen, zwischen zwei Meeren
hänge ich in voller Größe
gleich einer schlaffen Fahne.
Und für meine blicklose Liebste
würde ich sogar sterben,
auch wenn man meinen Tod schiebt
auf meinen schwachen Organismus
oder die überflüssige Trauer,
die in Kleiderschränken lagert.
Eines ist wahr: Die Zeit entflieht
und ruft mit Witwenstimme nach mir
aus den vergessenen Wäldern.

Bevor die Welt ich sah, damals,
als meine Augen nicht aufgingen,
besaß ich zwei Paar Augen:
die meiner Liebsten und meine.
Fragt nicht, ob ich mich geändert
(es ist nur die Zeit, die altert):
(sie wechselt ständig die Hemden,
während ich weiterwandre).

Mit allen Lippen hat die Liebe
mir genäht meine Kleider,
seit ich mich nackt gefühlt:
Maria hieß sie (vielleicht Teresa),
und ich gewöhnte
mich daran, daß mich beim Wandern
meine Leidenschaften verzehrten.

Du bist und bleibst nun einmal
die meinem Lieben Angeborne,
die Frau, aus Ton geformt,
das Federweib, das fortgeflogen,
auch die territoriale Frau
mit wehenden Haaren im Laub,
auch die Konzentrische,
die wie ein Geldstück nackt
in den Topasweiher gefallen,
oder die sichtbare Hüterin
meines sträflichen Trotts
oder die nie Geborne, auf die
noch immer ich warte.

Denn das Licht der Birke
ist des Frühlings Haut.

IN ALLER BESCHEIDENHEIT

Gewisse Tugenden sollte man pflegen,
normale, Kleidung für alle Tage,
scheinbar schon unsichtbar vom vielen Sehen,
und sich nicht dem Sonderfall ergeben,
dem Feuerschlucker oder der Schlangenfrau.

Sicher, ich werbe für das erlesen Ungezähmte,
altmodische Ehrfurcht, den Hort der Natur,
das Haushalten mit erhabenen Taten, die, stets haftend,
von Fels zu Fels sich den nächsten Generationen
übertragen
wie bestimmte Mollusken, die besiegen das Meer.
Alle Menschen, also auch wir, sind graue Bindeglieder
zwischen den Einzelleben, die sich bis zum Tod wiederholen,
dabei tragen wir keine zu großen Uniformen,
keine scharfen Risse:
Das Verkehrsnetz kommt uns zustatten, die lautere Liebe,
das reine Brot,
der Fußball, Straßen, darauf man über Müll stolpert
vor der Haustür,
Hunde mit willfährigen Schwänzen, der Saft
einer Zitrone
bei der Ankunft des Herrn, des friedlichen Fischs.

Willigt bitte ein, laßt mich wie alle sein,
wie jeder Mensch, ja, wie ein Dutzendmensch:
Ich bitte Sie, ja, Sie, inständig,
was mich betrifft, und mich betrifft es nun einmal,
laßt den Fanfarenstoß weg bei meinem Besuch
und schickt euch darein, daß ich in aller Ruhe
nicht da bin.

MIT QUEVEDO IM FRÜHLING

Alles ist erblüht
hier auf den Fluren, Apfelbäume,
stammelnd Blautöne, gelbes Gestrüpp,
und im grünen Grase lebt der Mohn.
Himmel unauslöschlich, junge Luft
an jedem Tag, verschwiegener Glanz,

vom weitgespannten Frühling ein Geschenk.
Nur wo ich zuhaus bin, ist nicht Frühling.
Krankheiten, kopflose Küsse wuchern
wie das Efeu an der Kirche
über meines Lebens schwarze Fenster,
Liebe allein genügt nicht mehr und nicht
der wilde, weitgespannte Duft des Frühlings.

Und was sind jetzt in deinen Augen
das Licht, entfesselt, die Entfaltung,
blütenhaft, des Offenbaren, das grüne
Lied der grünen Blätter, das Erscheinen
des Himmels mit dem Kelch voll Kühle?
Frühling du draußen, peinige mich nicht,
laß nicht los in meinen Armen Wein und Schnee,
Blütenkrone, geknickten Kummerstrauß,
schenk nur heute mir den Schlaf der nächtigen
Blätter und die Nacht, darin die Toten
liegen, die Erze und die Wurzeln
und die Vielzahl der erloschnen Lenze,
die in jedem Lenz neu erwachen.

ALLE SOLLEN WISSEN

Jemand wird später einmal fragen, irgendwann,
wenn er einen Namen sucht, seinen oder sonst einen Namen,
warum ich seine Freundschaft verschmäht oder seine Liebe
oder auch seine Gründe, seinen Wahn, seine Mühen:
Mit gutem Grund: ich mußte dich nennen,
dich, den weiter weg, und den, der uns näher,
den einen wegen seiner heroischen Narbe,
die Frau da um ihres Blütenblattes willen,
den Arroganten, weil er so bedrohlich harmlos,
den Vergessenen, weil er so hoheitsvoll obskur ist.

Doch hatte ich nicht Zeit und Tinte für alle.

Oder ward ich von der Stadt verschlissen, von der Zeit,
vom kalten Herzen der Uhren,
die mit ihrem Ticken meinen Takt zerhieben,
etwas jedenfalls geschah, ich habe
nicht jedermanns Sinn enträtselt:
Es verzeihe mir, wer nicht da ist:
Mein Amt war es, alle zu begreifen, wahnhaft,
schwächlich, zäh, besudelt, heroisch, schäbig,
liebestoll bis zu Tränen, treulos,
ein über seine Kette stolpernder Heiland,
ein Meister, trauerschwarz, der Lust.

Ach, wozu erzählen wir deine Wahrheiten,
habe ich doch mit ihnen gelebt,
bin ich doch jedermann und jedesmal,
nenne ich mich doch immer mit deinem Namen.

BILD

Von einer Frau, die ich kaum gekannt,
bewahre ich den Namen, in einem Schrein verschlossen,
hebe von Zeit zu Zeit die Silben an, rostig
sind sie und knarren wie morsche Klaviere:
Dann treten die Bäume von damals aus dem Regen,
Jasminblüten, siegesstrahlend die Zöpfe
einer Frau, längst körperlos, versunken,
ertrunken in der Zeit wie in einem trägen See:
Ihre Augen sind darin verlöscht wie Kohlen.

Und dennoch, im Verwesen ist
ein toter Duft, Schlagadern, verschüttet,
oder schlicht Leben inmitten andren Lebens.

Würzig ist es, sich umzusehn
nach nichts als Reinheit,
den Puls zu fühlen dem Himmelssturzbach
unserer Jugend, die zu kurz gekommen:
Einen Ring ins Leere wenden
und zum Himmel schreien.

Leid tut mir's, daß ich nicht Zeit habe für meine
Bestände,
auch den kleinsten nicht, das Andenken, vergessen
im Zugabteil oder im Schlafgemach, im Bierkeller
gleich einem Regenschirm, der stehengeblieben
im Regen:
Vielleicht kommt von diesen unscheinbaren Lippen,
was sich anhört wie Meeresrauschen,
unvermittelt, wie versehentlich, beim Wandern.

Darum rufen Irene oder Rosa, Maria, Leonor,
Schreine leer, Blumen im Buch getrocknet,
in Konstellationen, da ich einsam bin,
und ich muß auftun, hören, was stimmlos ist,
muß ansehn solche Dinge, die nicht da sind.

DER OZEAN RUFT

Ich fahre nicht ans Meer in diesem weiten,
hitzeumflossenen Sommer, ich fahre nicht über
die Mauern hinaus, die Türen, die Spalten,
die der andern Leben umringen und mein Leben.

In welchem Abstand, vor welchem Fenster,
auf welchem Bahnhof hab ich
das Meer vergessen, und so sind wir verblieben,
ich kehrte dem, was ich liebe, den Rücken zu,

und draußen tobte fort die Schlacht
zwischen Weiß und Grün und Felsen und Gefunkel.

So war's, es hat den Anschein, so war es,
anders wird der Menschen Leben, und wer stirbt,
weiß nicht, daß dieser Teil des Lebens,
dieser Dur-Ton, diese Fülle
an Zorn und Pracht schon fernliegt,
blindlings von dir abgeschnitten.

Nein, ich versage mich dem Meer, das ich nicht kenne,
dem toten, von tristen Städten umstellten,
einem Meer, dessen Brandung nicht zu morden versteht
und nicht, sich aufzuladen mit Salz und Schall.
Ich mag nur mein Meer, die Kanonaden
des Ozeans, die gegen die Ufer krachen,
das hoheitsvolle Türkisgeprassel,
die Gischt, darin Herrschaft erstirbt.

Ich fahre nicht ans Meer diesen Sommer, ich bin
eingeschlossen, eingesargt, und in dem langen
Tunnel, der mich gefangen hält,
höre ich in der Ferne den grünen Donner,
die Katastrophe zerklirrter Flaschen,
ein Säuseln von Salz und Todeskampf.

Es ist der Befreier. Es ist der Ozean,
fern, draußen, in meinem Land, der meiner harrt.

VOGEL

Ein eleganter Vogel,
schlanke Beine, endloser Schwanz,
kommt dicht
zu mir her, um zu erfahren, was für ein Tier ich bin.

Es ist Frühling,
in Condé-sur-Iton, in der Normandie.
Er hat einen Stern oder Tropfen
aus Quarz, Mehl oder Schnee
auf der winzigen Stirn,
und zwei blaue Streifen
laufen von seinem Hals bis zum Schwanz,
zwei Sternbahnen aus Türkis.

Er macht winzige Hüpfer,
schaut mich an, umgeben
von grüner Weide und Himmel,
und zwei Fragezeichen
sind diese nervösen Augen, spähend, spitz
wie zwei Nadeln,
zwei schwarze Punkte, zarte Strahlen,
die mich durchblitzen, um mich zu fragen,
ob ich fliege und wohin.
Unerschrocken, gekleidet
wie eine Blume im Prunk seiner flammenden Federn,
direkt, entschlossen
gegenüber der Feindlichkeit meiner Gestalt,
entdeckt er plötzlich ein Korn oder einen Wurm,
und mit ein paar Sätzen seiner drahtigen Füße
verläßt er das Rätsel
des Riesen, der allein zurückbleibt,
ohne dies kleine flüchtige Leben.

GARTEN IM WINTER

Es kommt der Winter. Ein leuchtendes Diktat
geben die langsamen Blätter,
in Schweigen und Gelb gekleidet.

Ich bin ein Buch aus Schnee,
eine geräumige Hand, eine Wiese,
ein Kreis, der wartet,
der Erde gehöre ich an und ihrem Winter.

Es schwoll das Rauschen der Welt im Laubwerk,
dann flammte der Weizen auf, gestirnt
mit Blüten, rot wie Feuerwunden,
danach kam der Herbst, um die Schrift
des Weines einzuführen:
Alles ging vorbei, ein vergänglicher Himmel
war der Becher des Sommers,
und die Seefahrt der Segelwolke erlosch.

Ich wartete auf dem Balkon, umdunkelt,
wie gestern vom Efeu meiner Kindheit,
wartend, daß die Erde ihre Flügel spreite
in meiner leergelassenen Liebe.

Ich wußte, die Rose würde fallen
und der Stein des unbeständigen Pfirsichs
wieder sinken in Schlaf zum Keimen:
Und ich berauschte mich am Becher der Luft,
bis das Meer, das ganze, in Nacht sich wandelte
und die Röte zu Asche wurde.

Die Erde lebt leiser nun,
gelinder ist ihr Verhör,
ausgebreitet das Fell ihres Schweigens.
Ich werde wieder

der Schweigsame, der von weitem gekommen,
in kalten Regen gehüllt und in Glocken:
Dem reinen Tod der Erde danke ich
den Willen des Keimens in mir.

VIELEN DANK

Weit muß man kommen durch die Welt,
will man bestimmte Dinge erkennen,
bestimmte Gesetze von Sonne blau,
Rumoren von Schmerz in der Mitte,
scharf umrissen den Frühling.

Ich bin ein Spätentwickler:
Komme ich ins Amphitheater,
wird dort schon gewartet
auf die Zentaurensuppe!
Da glänzen die Sieger,
und der Herbst massiert sich.

Warum lebe ich verstoßen
von der Pracht der Orangen?

Erst allmählich hab ich gemerkt,
daß ich in diesen stickigen Tagen
mein Leben mit Sitzen hinbringe,
Licht verschwende auf Teppiche.

Ließet ihr mich schon nicht ein
in die Wohnung der Hastigen,
der zur rechten Zeit Gekommenen,
will ich wenigstens wissen, was vorging,
als sich schlossen die Türen.

Als sich schlossen die Türen
und die Welt sich fortschlich
in einem Gemurmel von Hüten,
die wie das Meer wieder und wieder
eine prunkende Bewegung vollzogen.

Dies zur Erklärung, warum ich fortblieb –
ich leiste Abbitte für mein Benehmen.

RÜCKKEHR

Zweimal verband sich Rückkehr mit meinem Leben
und dem täglichen Meer:
Jäh traf ich auf das Licht, auf die Erde,
gewissen Frieden für einige Zeit. Eine Zwiebel
war der Mond, eine nahrhafte
Kugel der Nacht, die Sonne eine Orange,
ins Meer getaucht:
eine Ankunft,
die ich ertrug, die ich bis heute zurückhielt,
die ich entschied, und hier bleib ich:
Jetzt ist sie wahr, meine Rückkehr.
Ein Gefühl war es wie ein Zerbrechen,
wie eine gläserne Nuß,
am Fels aufgeschlagen,
und da brach mit Donnergedröhn das Licht herein,
das Licht der Küste, des Meers, das ich verloren,
des Meeres, das ich jetzt und für immer gewann.

Ich bin der Mann so häufiger Rückkehr,
daß sie eine verratene Dolde bildet,
und wieder, leb wohl, auf zu einer furchtbaren Reise,
ich breche auf, doch lande ich nirgendwo:
Ist meine einzige Fahrt doch eine Rückkehr.

Nur diesmal bangte mir, so sehr es lockte,
den Strand zu berühren, den Schimmer
des todwunden, verschütteten Meeres,
doch da ich bereit war zu meinem Unrecht,
entfiel mir der Entschluß mit dem Geklirr
einer kristallenen Frucht, die zerschellt,
und bei dem lauten Aufprall erkannt' ich das Leben,
die Erde, gehüllt in Dunkel und Gefunkel,
und unter meinen Lippen den Becher des Meers.

DIE VERIRRTEN IM WALDE

Ich bin auch einer von denen, die zum Wald nicht fanden,
die zurückwichen vor dem Winter auf Erden,
denen Käfer schillernd stechend den Weg abschnitten
oder mächtge Ströme, die sich des Geschicks erwehrten.
Dies der Wald, behaglich Laub, turmhohe Möbel
sind die Bäume, selbstvergeßne Zithern die Blätter,
ausgelöscht die Pfade, Zäune, Hinterlassenschaften,
patriarchalisch ist die Luft und riecht nach Trauer.

Alles ist kultisch im verwilderten Garten
meiner Kindheit: Äpfel liegen nah am Wasser,
das vom schwarzen Schnee kommt, der versteckt in den Anden,
Äpfel, deren rauhe Röte nicht kennt des Menschen
Zähne, sondern nur gefräßiger Vögel Picken,
Äpfel, die der Wildnis Symmetrie ersannen
und nun schleppenden Schritts zur Süße sich bewegen.

Jung ist alles und uralt, was ringsum prunkt,
wer hierher kam, es sind die arg Verschlissenen;
die zurückgeblieben sind in weitem Abstand,
sind Gestrandete, sie überleben oder vielleicht auch nicht:
Erst danach werden des Walds Gesetze sie erkennen.

NACHRUF AUF MANUEL UND BENJAMIN

Zwei zugleich, gleich zwei von meinem Gewerbe,
von meinem Werdegang, dem gleichen Tun geweiht,
sind tot, nur Stunden zwischen beider Sterben,
einer in Santiago gehüllt, der andere in Tacna,
beide einmalig, ähnlich sich nur
jetzt, dies eine Mal, weil sie gestorben.

Gerissen war der erste und majestätisch,
spröde, und knittrig sein Talar;
er neigte mehr zum Schweigen;
vom Manne vieler Arbeit hatte er
die tätige Hand, die es zum Steinblock
und zum Metalle zieht in der Schmiede.
Der andre war begierig nach Erkenntnis,
ein Vogel, flog im Leben er von Ast zu Ast,
auf Feuer gepolt gleich einem schönen Leuchtturm,
von dem es blitzt und blinkt.
Zwei Streiter
für zweierlei unterschiedliche Weisheit,
zwei edle Einsame, die heute
mir eins geworden in der Todesnachricht.

Ich liebte meine entgegengesetzten Gefährten,
vor deren Verstummen ich auch stumm geworden,
nicht wissend, was ich sagen soll, was denken.

Ach, so viel Suchen tief unter der Haut
und so lang wandern unter Seelen und Wurzeln,
so viel Papier zerschnippeln Stund um Stunde!

Jetzt stehn sie still, gewöhnen sich allmählich
an einen neuen Raum im Finstern,
gradlinig der eine wie die Eiche,
der andere mit seinen Spiegeln, Spiegelungen,

und beide mähten zeit unseres Lebens
die Zeit, sie stocherten, sie zogen Furchen,
folgten des paßgerechten Wortes Spuren,
dem Brot der Worte, und so alle Tage.

(Zu kurz die Zeit zum Müdewerden,
doch gehn sie still jetzt, endlich festlich,
zäh ein in dieses große Schweigen,
das ihre Gestalt sodann zerpflückt.)

Tränen sind nicht für sie da, niemals
für die zwei Männer.
                                        Und unsre Worte,
hohl klingen sie wie frische Gräber,
darin nur stören unsere Schritte,
indes die beiden dort allein sind,
ganz zwanglos, so wie sie's gewesen.

ZEIT

Aus vielen Tagen wird ein Tag, es hat die Stunde
Minuten, säumig, die doch kommen, der Tag
besteht aus abwegig Vergessenem, aus Metallen,
Glasscherben, Wäsche, liegengeblieben in Ecken,
Vorhergesagtem, Nachrichten, nie angekommen.
Der Tag ein Weiher ist im Wald der Zukunft,
er wartet, wächst mit Blättern zu, Mahnrufen,
gedämpften Lauten, die ins Wasser glucksen
wie Himmelskiesel.
                                        Am Ufer bleiben
golden des abendlichen Fuchses Spuren,
der wie ein kleiner fixer König Krieg will:
Der Tag häuft Halme in seinem Licht, Gemurmel,
jäh flattert alles auf – ein Totenhemd,

und das ist unser, ist gesammelt Schimmern,
das abgewartet und stirbt auf Geheiß der Nacht,
indem sichs ausgießt in den Schatten.

LICHTTIER

In diesem einsamkeitslos Grenzenlosen bin ich
ein Lichttier, in die Enge getrieben
von seinen Fehlern und seinem Laubwerk:
Weit reicht der Urwald: hier wimmeln
meinesgleichen, weichen zurück oder schachern,
indes ich meiner Wege gehe, mir zur Seite,
zur Eskorte, wen die Zeit mir zuteilt:
Wellen des Meeres, nächtige Sterne.

Wenig ist er, weit ist er, knapp und ist alles.
Weil meine Augen so viele Augen geschaut
und mein Mund so oft ward geküßt,
weil er so oft den Rauch geschluckt
längst verschollener Züge
auf Bahnhöfen, alt und gnadenlos,
so oft den Staub unaufhörlicher Buchläden,
ist der Mensch, bin ich Sterblicher, müde geworden,
müde der Augen, der Küsse, des Rauchs, der Strecken,
der Bücher, undurchdringlicher noch als die Erde.

Und heute hört er, tief im Wald verirrt,
seinen Gegner rascheln, und flieht,
nicht vor den anderen, nein, vor sich selber,
vor den ausufernden Gesprächen,
dem Menschenchor, der mit uns gesungen,
und dem Sinngehalt des Lebens.

Denn ein einzig Mal, denn ein Laut, denn eine
Silbe oder das Hinströmen einer Stille
oder der Welle unbegrabenes Rauschen
stellen der Wahrheit mich gegenüber Aug in Auge,
und sonst ist nichts mehr zu enträtseln,
nichts sonst zu besprechen – das war alles:
Des Urwalds Pforten haben sich geschlossen,
die Sonne entrollt das Laub auf ihrer Kreisbahn,
der Mond geht auf wie eine weiße Frucht,
und es richtet der Mensch sich ein in seinem Schicksal.

DREIECKE

Drei Dreiecke aus Vögeln zogen
übern Ozean, der riesig hingestreckt
im Winter lag wie eine grüne Bestie.
Alles ruht, das Schweigen,
graue Entfaltung, schweres Licht
des Raums, blinkend das Land.
Hoch über alledem flog
ein Flattern
und noch ein Flattern
von Vögeln dunkel, von Winterleibern,
Dreiecke zitternd,
deren Schwingen,
kaum sich hebend, sich senkend,
hierhin, dahin tragen
an die Küsten Chiles
grauen Frost, trostlose Tage.

Hier steh ich, indes das Zittern
der Zugvögel Himmel um Himmel
mich versenkt in mich und meine Materie

wie in einen Ewigkeitsbrunnen,
den starres Kreisen hat gegraben.

Schon sind sie fort:
schwarze Meeresschwingen,
Vögel eisenhart
von Steilufern und Klippen;
jetzt, zur Mittagsstunde,
steh ich vor dem Leeren, dem Raum
des Winters, hingestreckt,
und das Meer hat über
sein blaues Antlitz eine
bittere Maske gezogen.

EIN HUND IST GESTORBEN

Mein Hund ist gestorben.

Ich begrub ihn im Garten
neben einer alten, verrosteten Maschine.

Dort, nicht weiter unten,
nicht weiter oben,
wird er sich einmal mit mir vereinen.
Jetzt ist er weg, mit seiner Haarfarbe,
seiner üblen Erziehung, seiner kühlen Nase.
Und ich, Materialist, der nicht daran glaubt,
daß es den verheißenen himmlischen Himmel
für irgendeinen Menschen gibt,
glaube für diesen Hund oder für jeden Hund
an den Himmel, ja, ich glaube an einen Himmel,
in den ich nicht komme, doch wo er mich erwartet,
seinen Fächerschwanz schwenkend,
damit es mir bei der Ankunft nicht an Freundschaft fehle.

Ach, ich will nicht von der Traurigkeit reden,
daß ich ihn hier auf der Erde nicht mehr zum
Gefährten habe,
ihn, der mir niemals ein Diener gewesen ist.
Er hegte für mich eine Igelfreundschaft,
die seine Unabhängigkeit wahrte,
die Freundschaft eines selbständigen Sterns,
ohne überflüssige Vertraulichkeit,
ohne Übertreibungen:
Er sprang nicht an meiner Kleidung empor,
bedeckte mich nicht mit Haaren und Schorf,
rieb sich nicht an meinem Knie,
wie es andere, geschlechtsbesessene Hunde tun.
Nein, mein Hund schaute mich an,
schenkte mir die Aufmerksamkeit, die ich brauche,
soviel Aufmerksamkeit, wie nötig ist,
um einen Eitlen begreifen zu lassen,
daß er, als Hund,
mit diesen Augen, reiner als die meinen,
die Zeit verlor, doch er schaute mich an
mit dem Blick, der sein ganzes
sanftes, zottiges Leben für mich bereithielt,
sein verschwiegenes Leben,
dicht bei mir, ohne mich je zu belästigen
und ohne irgendwas von mir zu verlangen.

Ach, wie oft wünschte ich mir einen Schwanz,
wenn ich neben ihm ging an die Ufer
der See, im Winter von Isla Negra,
in der großen Einsamkeit: droben die Luft
durchschossen von eisigen Vögeln,
und hüpfend mein Hund, struppig, erfüllt
von der wellenwerfenden Kraft elektrischer
Meeresspannung,
mein streunender, schnupperseliger Hund,

hissend den goldenen Schweif
im Anblick des Ozeans und seines Gischts.

Fröhlich, fröhlich, fröhlich,
wie die Hunde glücklich sein können,
einfach so, mit der Unumschränktheit
unverschämter Natur.
Kein Adieu für meinen Hund, der gestorben ist.
Zwischen uns gibt es und gab's keine Lüge.

Er ist weg, und ich begrub ihn, und das war alles.

HERBST

Es schleppen diese Monate am Schrillen
eines nicht erklärten Bürgerkrieges.
Männer, Frauen, Gejohl, Provokationen,
indes in der feindseligen Stadt,
an den nunmehr verlassenen Stränden
des Meers und seiner wirklichen Gischt
der Herbst sich einquartiert im Waffenrock,
mit grauem Schädel und langsamem Gang:
So überzieht Besatzerherbst das Land.

Chile wacht oder schläft. Die Sonne geht
nachdenklich auf inmitten gelber Blätter,
die flattern wie politische Augenlider
herab vom sturmgepeitschten Himmel.

Paßte vordem kein Mensch mehr auf die Straßen,
jetzt ist Platz, jetzt möchte dein und mein,
ja, vielleicht jedermanns einsames Wesen
zum Einkaufen hinaus oder zum Träumen,
sucht sich ein Rechteck, wo's allein sein kann

am grad noch grünen Baum, der zaudert,
eh er entblättert sich und fallen läßt,
was jetzt in Gold ihn kleidet, hernach als Bettler.

Ich geh wieder ans Meer, das der Himmel birgt,
die Stille zwischen Woge und Woge
stellt eine bedrohliche Spannung her:
Das Leben erstirbt, das Blut beruhigt sich,
bevor losschlägt die neue Bewegung
und des Grenzenlosen Stimme dröhnt.

STERN

Gut denn, ich bin nicht umgekehrt, leide nicht mehr
an unterlassener Umkehr, der Sand hat sich entschieden,
und, Teil der Brandung, der Überfahrt auch ich,
Silbe aus Salz und Laus im Wasser,
hab ich, ein Fürst und Knecht zugleich der Küste,
mich ergeben und an meinen Fels geschmiedet.
Kein freier Wille ist für uns, die wir
Bruchstücke sind des Staunens,
kein Ausweg ist aus dieser Umkehr
zu uns selber, zu unserem eigenen Stein,
Es ist kein ander Stern mehr als das Meer.

2000
(1974)

I DIE MASKEN

Habt Erbarmen mit diesen Jahrhunderten und mit
denen, die glücklich
oder geschunden sie überlebten; was wir nicht schafften,
war niemandes Schuld, es fehlte am Stahl,
wir verbrauchten ihn für so viel nutzlose Zerstörung,
für die Bilanz besagt dies alles nichts:
Die Jahre litten an Pusteln und Kriegen,
hinfällige Jahre, wo die Hoffnung
auf dem Grund der feindlichen Flaschen zitterte.
Na schön, reden wir also mal, oder manchmal,
mit einer Schwalbe, so daß niemand lauscht:
ich schäme mich, wir haben die Scheu von Witwern:
es starb die Wahrheit, sie ist verwest in so viel Gräbern:
erinnern wir uns lieber an das, was geschehen wird:
im großen Hochzeitsjahr gibt es keine Geschlagenen:
setzen wir uns doch alle Siegermasken auf.

II ERFINDUNGEN

Siehst du das kleine viersilbige Ding da?
Es ist eine Kurbelwelle, die dem Glück untersteht
und nunmehr ferngelenkt wird von zusammenhängenden,
verständigen
Organismen, ich bin sicher und ihr könnt sicher sein,
sie erbringt eine so brillante Leistung,
daß auf ihren heimlichen Druck hin die Trauben reifen
und der Weizen noch auf dem Acker zu Brot wird
und die Stuten zinnoberrote Hengste werfen,
die dann unangemeldet durch die Luft galoppieren,
große Industriebetriebe laufen wie Tausendfüßler,
legen an unbewohnten Orten Wagenräder und Wecker ab,

meine Damen und Herren, erwerben Sie mein
Dienstleistungsprodukt,
ohne Beimengungen von Baumwolle oder Milchpräparaten,
ich überlasse Ihnen einen Knopf, ein Druck, und Sie verändern
die Welt,
kaufen Sie das Starkstromgerät, bevor es mir leid tut!

III ÄHREN

Das Ohn-Unterlaß geht in Blumen zu Ende,
in langer Zeit, die ihren Weg spannt
zum Band, in der Neuheit der Luft,
und finden wir endlich unterm Staub
die Mechanik der nahen Zukunft,
bekennen wir uns ruhig zu unserm Glück,
wie es vor uns steht! Eine Ähre wie andere auch,
so daß Vergeßlichkeit zur wahren
Klarheit beiträgt, die es ohne Zweifel nicht gibt.

IV ERDE

Gelb ist er, gelb noch immer,
der Hund, der hinterm Herbst kreist,
beschreibt im Laub goldene Bogen,
bellt in die noch unbekannten Tage.
Unwägbar, merkt ihr, sind manche Situationen:
Neben dem Erforscher furchtbarer Grenzen,
die ins Unendliche gähnen, ist da das liebste,
das verirrte Tier des Herbstes.
Was kann sich ändern von Erde zu Zeit, von Geschmack zu
Backbord,
von des Lichts Geschwindigkeit zu irdischem Gang?

Wer ahnt schon das Saatkorn im Dunkel,
wenn immer dieselben Bäume wie wehendes Haar
Tau sinken lassen auf immer dieselben Hufe,
auf die Köpfe, in Liebe zueinandergelegt,
auf die Asche toter Herzen?
Immer derselbe Planet, dieser tausendjährige Teppich,
blühen kann er, doch nimmt er weder Tod noch Ruhe hin:
Die zyklischen Schlösser der Fruchtbarkeit
öffnen sich jedes Frühjahr den Schlüsseln der Sonne,
und die Früchte rauschen, werden Kaskade,
es steigt und fällt der Erde Glanz zum Munde,
und der Mensch dankt für die Güte ihres Reiches.

Gepriesen sei die alte, die kotfarbene Erde,
ihre Leibeshöhlen, ihre geheiligten Ovarien,
der Weisheit Vorratskammern, darin verschlossen
Kupfer, Öl, Magnete, allerlei Eisen und Reinheit,
der Blitz, der scheinbar herabfuhr aus der Hölle,
ward geborgen von der uralten Mutter der Wurzeln,
und täglich trat, uns zu grüßen, das Brot vor die Tür,
des Bluts und des Tods nicht achtend, darein wir Menschen uns
kleiden,
wir unseliges Geschlecht und sind doch das Licht der Welt.

V DIE GELADENEN GÄSTE

Und wir, die Toten, gestaffelt, geschichtet in der Zeit,
verstreut in zweckmäßigen, pompösen Friedhöfen
oder hineingeschmissen in Beingruben für arme
Bolivianer,
wir, die Toten von 1925, 26,
33, 1940, 1918, neunzehnhundertfünf,
tausendneunhunderttausend, schließlich, wir,

die verstorben sind vor dieser dummen Zahl,
die wir nicht mehr erleben – was geschieht mit uns?

Ich, Pedro Páramo, Pedro Ödland, Pedro Saatkorn,
    Pedro Niemand,
hatte ich denn kein Anrecht auf die vier Ziffern
    und die Auferstehung?
Ich möchte die Auferstandenen sehn, um ihnen
    ins Gesicht zu spucken,
denen, die vorausgingen, bereit zu fallen
in Flugzeugen, Eisenbahnen, in den Kriegen des Hasses,
denen, die kaum Zeit hatten, zur Welt zu kommen
    und dem neuen
Jahrhundert das Gewehr zu präsentieren, und
    zerschmettert liegenbleiben,
verwesend inmitten der Lustbarkeiten und des
    strömenden Weins!

Ich möchte heraus aus meinem Grab, ich Toter,
    warum nicht?

Warum sollen die Vorzeitigen denn vergessen sein?
Alle sind zum Gastmahl geladen!

Es ist ein weiteres Jahr, ein weiteres Jahrhundert, mit
    Toten und Lebendigen,
und es gilt, das Protokoll zu wahren, nicht nur dem
    Leben soll ein Platz geboten werden,
auch den verdorrten Blüten, den verfaulten
    Kränzen, dem Schweigen,
denn das Schweigen hat ein Recht auf die Schönheit,
und wir, Abgeordnete des Todes,
wollen dabeisein, eine einzige Minute der Blüte,
wenn sich auftun die Türen künftiger Ehre!

Ich komme überallher, Ramón González Barbagelata, der
Eisbart,
komme aus Cucuy, vom Parana-Becken, aus Rio Turbio, aus
Oruro,
aus Maracaibo, aus Parral, Ovalle und aus Loncomilla,
egal woher, ich bleib der arme Tropf der armen
dritten Welt,
der Fahrgast dritter Klasse; ich sitze – Jesses! –
im Prachtweiß der verschneiten Anden
und falle gar nicht auf in den fein national gesinnten
Orchideen.

Ich habs geschafft ins vielgepriesene Jahr 2000, doch
was hab ich davon,
womit soll ich die Schuhe mir zubinden, was habe ich
zu schaffen
mit den drei Nullen, die sich breitmachen ruhmesselig
auf mir, der Null, auf mir, dem Nichtvorhandenen?
Ach, Herz, das lang gewartet hat auf seine Fahne,
ach, Mann, den Liebe zärtlichster Natur umrankt,
nichts ist mehr übrig als mein verwittertes Gerippe,
als meine Augen, die übergehen vor der anbrechenden
Zeit.

Anbrechende Zeit, sind diese verlorenen Baracken,
diese ärmlichen Schulen, die noch immer zerlumpten
Lumpen,
die erdige Gefährdung meiner armen Familien,
ist das der Tag, das anbrechende Jahrhundert, die goldene
Pforte?

Ich jedenfalls, ich will es kurz machen, nun ja,
verschwiegen

war ich schon im Büro, zusammengeflickt, in mich
versunken,
ich verkünde: Überflüssig die Eröffnungsfeier;
hier steh ich und hab noch alles, woran geschleppt
ich bisher,
mein Ungemach und meine allerschlimmsten Berufe,
die Not, die meiner harrte stets mit offener Tür,
den Aufmarsch dicht an dicht gedrängter Menschen
und des Hungers vielgestaltige Geographie.

VII ANDERE MENSCHEN

Hingegen ich frevelnder Fischer,
inzwischen verstaubt, Vorreiter damals,
in jenen fernen, weggestorbenen Jahren,
steh heute am Tor zum neuen Jahrtausend,
ein rabiater Anarchopitalist,
bereit, mit vollen Backen
am Apfel der Welt zu kauen.
In schönerem Flor stand das Zeitalter
auch nicht in Florida, in Florenz,
paradiesischer war auch nicht Valparaíso.
Ich atme beschwingt
im Bankenpark unseres Jahrhunderts,
es ist am Ende ein einziges großes Konto
und steht zum Glück zu meinen Gunsten.
Mittels Investition und Konspiration
machen wir hygienisch einwandfrei die Ära,
kein Kolonialkrieg heißt mehr Kolonialkrieg,
zu verrufen und abgegriffen der Name,
die alles zermahlende Demokratie
wird schon ein neues Wörterbuch herausgeben:
Schön ist die 2000, ebenso schön wie die 1000,
es behüten uns die drei gleichen Nullen
vor jedem überflüssigen Aufstand.

VIII ROHSTOFFE

Gesättigt ward die Welt mit Wenn und Aber,
haltlosen Befürchtungen und Schmerz,
doch muß man gelten lassen, neben salzigem Brot
und diesem oder jenem Unrecht
haben die Gewächse, so man sie nicht abgebrannt,
weitergeblüht und sich verschenkt
und fortgesetzt ihr grünes Tagwerk.

Niemand bestreitet: die Erde hat
kaum Neues herausgerückt aus ihrer Truhe,
die unerschöpflich schien:
das Kupfer stirbt aus, das Mangan ächzt,
das Erdöl ist ein letztes Röcheln,
das Eisen sagt ade zur Kohle,
die Kohle hat ihre Höhlen schon geschlossen.

So muß denn dies Jahrhundert
mit anderen Kriegsmaschinen morden, laßt uns
ein anderes Sterben eröffnen,
das Blut verschiffen auf andern Fähren.

IX FEIER

Ziehen wir also die Schuhe an, das gestreifte Hemd,
den blauen Anzug, wenn auch die Ellbogen schon glänzen,
ziehen wir ein Feuerwerk ab mit bengalischem Licht,
und in Strömen laßt ziehen Wein und Bier von der Kehle
        zur Sohle hinunter,
denn gebührend soll sie gefeiert sein
die gewaltige Zahl, die uns so viel Zeit gekostet,
so viel Jahre und Tage, zu Bündeln gepackt,

so viel Stunden, so viel Millionen von Minuten,
feiern wir also den großen Eröffnungstag.

Laßt die Pfropfen knallen, daß wir uns eingießen all
die aufgesparten Freuden,
schnappen wir uns eine hergelaufene, lockere Braut,
die einen festlichen Biß sich gefallen läßt.
Heut ist es soweit. Heut ist es da. Wir betreten
den Teppich des unbekannten Jahrtausends. Das Herz,
der Mandelkern
der steigenden Epoche, die ausgereifte Traube
wird uns zu eigen sein,
und wird die Wahrheit sein, die lang erwartete
Wahrheit.

Indessen wächst ein Blatt im Laub
der beginnenden Zeit hinzu:
Zweig um Zweig verkreuzt sich das Gezweig,
Blatt um Blatt werden die Tage steigen,
und Frucht um Frucht wird der Friede kommen:
der Baum des Glückes bildet sich
aus der blutroten, trotzigen Wurzel, die weiterlebt,
weil sie das Wasser sucht, die Wahrheit, das Leben.

Heute ist heute. Dieses Morgen ist da,
hervorgewachsen aus so viel Dunkelheit:
noch wissen wir nicht, ob sie hell ist,
diese frisch eröffnete Welt:
wir werden sie erhellen, sie verdunkeln,
bis sie golden und reifgebrannt ist
wie die harten Körner der Maisfrucht:
für jeden, für die Neugeborenen,
für die Überlebenden, die Blinden,
für die Stummen, für die Krüppel und Kranken,
daß sie sehen und reden,
daß sie weiterleben und laufen,

daß sie mit Händen greifen die künftige Frucht
des gegenwärtigen Reiches, das wir offen lassen
für den reisenden Forscher wie für die Königin,
für den neugierigen Kosmonauten
wie für den Bauern, der werkt nach altem Brauch,
für die Bienen, die nunmehr kommen,
um teilzuhaben am Stock der gefüllten Waben,
und vor allem für die jungen Völker,
die Völker, die aufwachsen jetzt
mit frischen Fahnen, geboren
in jedem Tropfen Blut oder Schweiß.

Heute ist heute, und gestern ist dahin, kein Zweifel.

Heute ist auch morgen, und ich bin dahingegangen
mit irgendeinem kalten Jahr, das hinging,
mit mir ist es hingegangen, und mich hat es mitgenommen.

Daran ist nicht zu zweifeln. Mein Gerippe
bestand, zuweilen, aus harten Worten,
hart wie Knochen in Wind und Regen,
und feiern konnte ich das, was geschieht,
indem ich statt Lied oder Zeugnis
ein Skelett hinterließ, ein zähes Skelett aus Worten.

Das gelbe Herz
(1974)

EINER

Weil löchrig und spindeldürr,
verstand ich mich mit den Nadeln,
rasch ward ich eingesponnen,
und das fand bis heute kein Ende.

Die Liebe, die ich dir schenke,
mein Nadelweib, meine Frau,
spult sich dir auf im Ohr,
das feucht ist vom Wind in Chillán,
spult sich dir ab in den Augen,
aus denen die Wehmut quillt.

Kaum schmeichelhaft ist die Erklärung
für mein immer gleiches Geschick,
meine Eitelkeit hat mich verführt
zu erstaunlichen Heldentaten:
Hab Fische geangelt im Sand,
auch bohrt ich manch Loch in die Luft,
fraß in mich hinein alle Glocken.
Und tat doch im Grunde wenig
oder tat im Grunde doch nichts,
schlüpfte nur in eine Gitarre
und sprang singend wieder heraus.

EIN ANDERER

Vom langen Wandern in einer Gegend,
die in den Büchern nicht vorkommt,
gewöhnt' ich mich an die zähe Erde,
darauf niemand mich fragte,
ob ich gerne Kopfsalat esse
oder lieber Pfefferminze trinke,

die den Elefanten so mundet.
Und vom langen Nichtserwidern
ist mein Herz ganz vergilbt.

EIN DRITTER

Ich tauchte vom Meeresgrund auf
und haßte schon alles Nasse,
schüttelte ab wie die Hunde
die Wellen, die mich liebten,
und fühlte mich auf einmal
zufrieden ob meiner Landung
und ganz und gar irdisch.

Die Journalisten zielten
mit ihren ausgefallenen Maschinen
auf meine Augen und meinen Nabel,
ich sollte ihnen was erzählen,
als wäre ich gestorben,
als wäre ich ein gewöhnlicher,
nur spezialisierter Leichnam,
ohne Rücksicht auf mein Wesen,
das erforderte, daß ich laufe,
eh ich wieder meinen grausigen
Gewohnheiten nachgehe:
Es fehlte nicht viel, und ich hätte
mich zurück in die Brandung gestürzt.

Doch meine Geschichte wird zu zweien,
als ich, ein Kind noch, entdeckte,
wie verdorben mein Herz war,
so daß ich ins Meer hinabfiel
und mich ans Taucherleben gewöhnte.

Da unten lernte ich malen,
hatte Haus und hatte Fische,
heiratete unter den Wellen,
wer meine Tiefseebräute waren,
kann ich mich nicht entsinnen,
eins ist sicher, bald war alles
ausgemachte Routine:
Langweilig wurden die Fische,
bar der Brechungen, bar der Kämpfe,
und sie dachten vielleicht von mir,
ich sei ein eintöniger Walfisch.

Seit ich aus purer Phantasterei
an den Strand trat vor Isla Negra
und wieder lebe wie jedermann,
läuten sie so oft an meiner Haustür
und stellen mir idiotische Fragen
nach ganz entlegenen Facetten
meines durchaus ordinären Lebens –
was soll ich tun, wie verjage ich
diese sonderbaren Frager?

Ein weiser Mann soll mir bitte sagen:
Wo kann ich in Ruhe leben?

DER HELD

In einer Straße von Santiago
lebte einmal ein nackter Mann,
lebte dort lange lange Jahre,
unbeschuht und unbekleidet,
aber einen Hut auf dem Kopf.

Nichts auf dem Leib als sein Haar,
zeigte der Sucher nach Erkenntnis
auf dem Balkon sich zuweilen,
und es sahen ihn alle Bürger,
einen vereinzelten Nudisten,
mit den Hemden verfeindet,
mit den Jacken und mit den Hosen.

Darüber vergingen die Moden,
es verwelkten die Pullover,
bestimmte Revers kamen wieder
und die weggeworfenen Stöcke:
Rundum jagten sich Auferstehung
und Begräbnis in Sachen Kleider,
nur der eine Sterbliche blieb fest,
nackt, wie er auf die Welt gekommen,
blickte er hinab auf die andern,
wie Götter, die Gymnastik treiben.

(Die Männer und Frauen, die Zeugen
wurden des seltsamen Mitbewohners,
nennen Einzelheiten zum Gruseln,
demonstrieren sie doch, wie verwandelt
sich der Mann und sein Körper.)

Nach all den nackten Zeiten –
vierzig Jahre völliger Nacktheit
vom Kopf bis zu den Füßen –
war der Mann schwarz beschuppt
und es wuchsen die Haare
ihm so tief in die Augen,
daß er nie mehr lesen konnte,
nicht mal die Zeitungen vom Tage.

So verharrte sein Denken
starr an einem Punkt im Vergangnen

wie der veraltete Leitartikel
einer eingegangenen Zeitung.

(Ein kurioser Fall war der Mann –
er starb, als er übers Geländer
nach seinem Kanarienvogel haschte.)

Diese Geschichte beweist uns,
daß guter Wille nicht standhält,
wenn der Winter ihn anfällt.

EINE UNHALTBARE SITUATION

So oft sprach man von den Toten
in der Familie Ostrogodo,
daß etwas Seltsames passierte,
wohl wert, es in der Nachwelt zu melden.

Sie sprachen von den Verblichnen
am Kaminplatz den lieben Tag lang,
von Vetter Carlos, von Felipe,
von Carlota, der toten Nonne,
vom begrabnen Candelario,
kurz: Sie gedachten unaufhörlich
alles dessen, was nicht mehr lebte.

Da geschah es in jenem Hause
mit dunklen Höfen und Orangen,
im Salon mit dem schwarzen Flügel,
in den stillen Grabesgängen:
Viele Tote sich einquartierten,
die sich da wie zu Hause fühlten.

Langsam trieben sie, gleich Ertrunknen,
durch die grauen, aschigen Gärten,
bald schon wimmelnd wie Fledermäuse.
Wollten sie schlafen oder sinnen,
klappten sie zu wie Regenschirme
und hinterließen in den Sesseln
einen säuerlich-süßen Grabduft,
der das ganze Haus durchströmte,
einen unausstehlichen Fächer
aus Seide von Schiffbruchfarbe.

Und die Familie Ostrogodo
wagte schon kaum mehr zu atmen:
So strikt war die reine Ehrfurcht
vor allen Aspekten des Todes.

Das Los der Minderheit duldend,
ließen keinen Seufzer sie hören.

(Denn, rein ökonomisch betrachtet,
hatte man doch kaum was zu fürchten
von dem Einbruch lautloser Gäste:
Tote wollen nicht essen, nicht rauchen,
das beruhigt, ganz ohne Zweifel:
Doch beschlagnahmten sie in Wahrheit
immer weitre Räume des Hauses.)

Sie hängten sich an die Gardinen,
setzten sich auf die Blumentöpfe,
stritten sich um den Ohrensessel,
der fürs Oberhaupt reserviert war;
sie besetzten geraume Weile
das Bad, und putzten dort vermutlich
die Zähne ihrer Totenschädel.
Gewiß ist, daß jene Familie

erst den Platz um das Feuer räumte,
dann das Schlaf- und das Speisezimmer.

Die Gesetze des Anstands wahrend,
wichen alle aus in den Garten,
ohne Protest gegen die Toten,
eine trübe Munterkeit mimend.

Im Schatten des Orangenbaumes
aßen sie künftig, wie Soldaten,
die aus der schlimmsten Kampfeszone
einer verlornen Schlacht geflohen.
Doch auch hierher kamen die andern,
um sich still an die Zweige zu hängen,
unerbittlich gestrenge Tote,
die sich stets überlegen glaubten
und niemals zu sprechen geruhten
mit den freundlichen Ostrogodos.

Bis die einen durch soviel Sterben
endlich eins wurden mit den andern,
verstummend und langsam verfallend
in dem stillen Stammsitz des Todes,
der eines Tages allein und leer war:
keine Tür mehr, kein Haus, kein Licht,
keine Orangen, nicht mal Tote.

LEBENSWEISHEIT

Erwiesen ist, es gibt ihn,
den Baum, der grünt im Frühling,
und die Kruste um die Erde:
Die Planeten geben uns Nahrung
trotz ihrer Eruptionen,

und das Meer liefert uns Fische
trotz seiner Meeresbeben:
Sklaven sind wir der Erde,
sie gebietet auch der Luft.

Ein Flaneur auf der Orange,
fuhr mehrmals ich im Leben
rund um den alten Erdball:
Weltenreise, Götterspeise,
Fruchtsäfte hyazinthrot,
ein Duften weiß nach Frauen,
den Blüten gleich des Mehls.

Fliegen hilft nicht, vom Globus
gibt es halt kein Entrinnen,
er hält dich von Geburt an.
Hoffen mußt du, bekennen,
daß Liebe und Verständnis
dem Grund entsteigen, der Tiefe,
und in unserem Innern wachsen
wie die Zwiebeln, wie die Eichen,
wie die Schildkröten oder Blumen,
wie die Länder, Völkerstämme,
wie die Straßen und Geschicke.

UND ICH BEWEGE MICH DOCH

Hin und wieder fühl' ich mich glücklich!,
so sprach ich zu einem Gelehrten,
der mich ungerührt untersuchte
und mir nachwies, wie sehr ich irrte.

Vielleicht gab es keinerlei Rettung
für meine verfallenen Zähne,

ein Haar nach dem andern entschwand mir
aus meiner gelichteten Mähne;
und besser war's, gar nicht zu reden
von den schwammigen Atemwegen;
was die Herzkranzrinnsale anging,
war er voller ernster Bedenken,
auch im Blick auf die düstre Leber,
die als Schutz und Schirm nicht mehr taugte,
und auf die Intrigen der Niere.
Mit meiner Trauer-Prostata,
meinen üblen Harnröhrenlaunen
führte man mich dann ohne Eile
zum großen Durchleuchtungsfinale.

Aug' in Auge mit dem Gelehrten,
nicht bereit, mich schon aufzugeben,
wies ich nach, daß ich sehen konnte
und tasten und hören und leiden,
falls dazu Gelegenheit käme.
Er solle die Lust mir doch lassen,
zu lieben und geliebt zu werden:
Einen Schatz würde ich mir suchen,
für einen Monat, für 'ne Woche
oder für den vorletzten Tag noch.

Der gelehrt-erhabene Mann
sah mich an mit gestrengem Gleichmut,
wie Kamele den Mond betrachten,
und beschloß voller Stolz, sich nicht mehr
um meine Organe zu kümmern.

Seither bin ich mir nicht im klaren,
ob ich gehorchen soll und sterben,
gemäß dem Dekret des Experten,
oder so wohl mich fühlen soll,
wie's mein eigener Leib mir anrät.

Und so im Zweifel, weiß ich nicht,
soll ich der Beschauung mich widmen
oder mich von Nelken ernähren.

PIEDRAFINA

Caballero, mäßige dich!
Maßhalten, maßhalten, Genosse!
So riet mir bald dieser, bald jener,
so riet man mir leis und gelinde,
so riet man mir lauthals und lästig,
bis ich schließlich vermessen wurde
und auf jegliches Maß und Ziel pfiff,
jeden Tag mit Anmaßung anfing
und am Ende, ganz zweifellos,
unerträglich und maßlos wurde,
ja maßlos, trotz aller Ermahnung,
unausstehlich und gänzlich maßlos,
maßlos glücklich in maßlos toller
rebellischer Maßlosigkeit.

Als ich auf dem schiffbaren Fluß
einherschiffte, stolz wie die Schwäne,
gefährdete ich die Barkasse
und warf so gewaltige Wellen
mit meinen wüsten Windsbrautstrophen,
daß wir alle ins Wasser fielen.
Dort blickten die Fische mich an
mit mißbilligend kalten Augen,
während höhnisch lauernde Krebse
unsre Hinterbacken bedrohten.

Ein andermal, bei einer langen,
nimmer endenden Trauerfeier,

schlief ich ein bei den Leichenreden
auf dem Grunde der Grabestiefe,
und achtlos schaufelte man Erde,
man beerdigte mich lebendig:
Während all der finsteren Tage
nährte ich mich von den Kränzen
aus verwesenden Chrysanthemen,
und als ich dann auferstund,
hatte keiner Notiz genommen.

Mit einem schönen Weib erlebte
ich ein maßloses Abenteuer.
Piedrafina, so hieß das Mädchen,
glich einer reifen, prallen Kirsche,
einem rein gezeichneten Herzen,
einem Schmuckdöschen aus Kristall.
Als sie mich sah, na klar, verliebte
sie sich spornstreichs in meine Nase,
und ich verwöhnte sie mit Zartheit
und mit kleinen himmlischen Küssen.

Aber dann entfesselte ich
meine indiskutablen Triebe
und die unersättliche Prahlsucht,
die so oft mich schon fehlgeleitet:
Ich entrollte mit aller Kraft
meine Nase, bis sie wahrhaftig
elefantisch zum Rüssel wurde.
Und mit tollkühnen Zirkustricks
trieb ich meine Kunst auf die Spitze:
Ich hob Piedrafina empor
ins Gezweig eines Kirschenbaumes.

Aber die schöne Frau verbat sich
meine maßlosen Huldigungen
und kam nie mehr vom Baum herab:

Sie verließ mich. Später erfuhr ich,
daß sie langsam, im Lauf der Zeit,
sich zur Kirsche verwandelt habe.

Nichts hilft gegen solcherlei Übel,
die so traurig mich glücklich machen,
auf bittere Weise zufrieden:
Der Stolz führt gewißlich zu nichts,
doch was wahr ist, sollte gesagt sein:
Man kann auch nicht ohne ihn leben.

LIED VON DER LIEBE

Ich lieb, ich lieb dich, tönt die Zunge,
schon kommt ein falscher Klang hinein.

Ich lieb, ich lieb dich, meine Lunge,
ich lieb, ich lieb dich, Laubenhain,
und wär die Liebe auch wie Wein,
du bleibst die Liebste, Gott sei Dank,
von diesem Arm zu jenem Bein:
Du bist das Glas, von Zukunft blank,
die Flasche mit dem Schicksalstrank.

Ich lieb dich rechts und links im Kreise,
ich kenne weder Takt noch Weise,
sing ich mein Lied vor dir, das Liedel,
dem nicht vergönnt ist Rast noch Ruh.

Daß meine mißgestimmte Geige
auf meiner Geige klar dir's zeige:
Ich lieb, ich lieb dich, meine Fiedel,
mein dunkles, helles Weibchen du,
mein Herz und mein Gebiß im Mund,

mein Licht dazu, mein Löffelstiel,
mein Salz für dunkle Wochen und
mein Mond, der hell ins Fenster fiel.

EINE STATUE IN DER STILLE

So vieles geht hin im Gelärm,
so viel Glocken waren zu hören,
wenn Leute liebten, was entdeckten
und Leute sich Orden verliehen,
daß all das Geläut' mir zuviel war
und ich herkam, zu Fuß, um hier
im Revier der Stille zu leben.

Wenn die Pflaume vom Baume fällt,
eine Welle in Ohnmacht sinkt,
wenn Mädchengestalten golden
im weichen Sande sich wenden
oder ein Zug mächtiger Vögel
meinen Forscherschritten voranzieht,
meinem stillen Erkundungsgang,
so ist da kein Laut, kein Geheul,
kein Donnern, kein Flüstern, kein Murmeln:
Drum bin ich hier geblieben, hier,
der Musik der Stille zu leben.

Stumm ruhen die Lüfte ringsum,
und die Automobile gleiten
über heimliche Wattewege,
und die Massen der Politik
mit den handschuhgedämpften Gesten
vergehn in einer Hemisphäre,
in der keine Mücke mehr schwirrt.

Die allergeschwätzigsten Weiber
sind nun in den Teichen ertrunken
oder schwimmen umher wie Schwäne,
wie die Wolken am Himmel droben,
und die Züge des Sommers fahren,
beladen mit Früchten und Mündern,
ohne Pfiff, ohne Radgekreisch,
als würde die Wut der Zyklone
an der Leine der Stille laufen.

Die Monate sind wie Gardinen,
wie ein lautloser Teppichboden:
Darauf tanzen die Jahreszeiten,
bis im Salon dann stehend einschläft
das reglose Standbild des Winters.

EINVERLEIBUNG

Am Ende werd ich dich lieben,
als ob immerzu früher wäre,
als ob du überm langen Warten –
du kommst nicht, ach, dich nicht sehen –
hier wärest für die Ewigkeit
und atmetest neben mir.

Neben mir deine Gewohnheiten, Sitten,
deine Farbe und deine Gitarre,
dicht an dicht so wie die Länder
auf den Seiten der Erdkundebücher:
Zwei Landschaften fließen ineinander,
und Fluß strömt an Fluß hin,
und zwei Vulkane werden gemeinsam groß.

Neben dir heißt auch neben mir,
und bist du fort, mangelt es an allem,
und braun wie Lehm ist der Mond
beim Erderzittern in der Nacht,
wenn im Erschrecken der Erde
zusammenwachsen alle Wurzeln
und man hören kann, wie die Stille
spielt ihr Entsetzenskonzert.
Auch Angst ist eine Straße.
Auf deren grausigem Pflaster
tappt dann vielleicht vierbeinig
und vierlippig die Zärtlichkeit.

Denn wir treten nicht aus dem Jetzt,
diesem engen schmalen Ring,
und fühlen doch gestrigen Sand
und lernen von der Liebe im Meer,
wie's einen noch und noch übermannt.

KATZEN BEI NACHT

Wieviel Sterne hat eine Katze,
wurde in Paris ich gefragt,
und Tiger um Tiger begann ich
den Sternbildern aufzulauern;
es sind zwei lauernde Augen
Pulsschläge nämlich Gottes
in der kaltäugigen Katze
und zweifach Glitzern im Tiger.

Ein Stern aber ist der Schwanz
der buckelnden Katze am Himmel
und ein Tiger aus blauem Stein
die blaue Nacht Antofagastas.

Die graue Nacht Antofagastas
steht über den Straßenecken
wie eine Niederlage, sehr hoch
über der irdischen Mühsal,
und die Wüste ist ja weiß Gott
das zweite Antlitz der Nacht,
die so uferlos, unerforscht ist
wie das Nichtsein der Sterne.

Und in den zwei Seelenkelchen
glitzern die Minerale.

Nie sah ich Katzen in der Wüste;
im Grunde hatte ich zum Schlafen
nie einen anderen Gefährten
als den wehenden Sand der Nacht,
die Verhältnisse in der Wüste
oder die Gestirne im All.

Denn so steht es nicht und so steht es
um meine dürftigen Recherchen.

SAG NEIN ZU BLITZEN

Du Gleißendes, von dir hab ich
die Gemächlichkeit beim Schaffen:
Tagundnachtgleich gewarnt
von deiner Phosphordrohgebärde,
packte ich, was mir das Liebste,
ließ fahren, was nicht mein war,
und fand vor meinen Füßen, meinen Augen
ausgeschüttet des Herbstes Füllhorn.

Vom Blitz lernte ich ruhig sein,
am Himmel verschwenden kein Licht,
in meinem eigenen Innern
zu suchen nach den Stollen der Erde,
zu schürfen im harten Boden,
bis ich fände in der Härte
die Stelle, die ersterbend
der Meteor auch suchte.

Schnelligkeit eignete ich mir an,
um sie dann im Weltraum zu lassen,
gründete mit meiner trägen Bewegung
unnötigerweise eine Schule
gleich einem Debattierclub der Fische,
die Tag für Tag unter großen
Bedrohungen lustwandeln.
Das ist üblich so in der Tiefe,
der Stil der Unterwassermanifeste.

Und ich gedenke ihn nicht zu verachten,
nur weil der Blitz es gebietet:
Ein jeder trage sein Zeichen,
das, was hienieden sein Teil war;
ich halte mich an meine Wahrheit,
weil es mir an einer Lüge gebricht.

KATASTROPHEN

Als ich nach Curacautín kam,
regnete es gerade Asche
nach dem Willen der Vulkane.

Ich mußte weiter nach Talca,
da waren Maules behäbige Flüsse

so unmäßig hoch gestiegen,
daß ich auf einem Kahn schlief
und fuhr nach Valparaíso.

In Valparaíso stürzten
um mich die Häuser zusammen;
ich frühstückte in den Trümmern
meiner Bibliothek, die war verloren,
links ein Baudelaire, der es überlebte,
rechts ein zerfledderter Cervantes.

In Santiago jedoch vertrieben
mich aus der Stadt die Wahlen:
Alles spuckte sich ins Gesicht,
und glaubt man den Journalisten,
waren im Himmel die Gerechten
und auf der Straße die Mörder.

So bettete ich mich an einen Fluß,
der führte mehr Steine als Wasser,
über mir gelassene Eichen,
weit entfernt von allen Städten,
neben mir Steine, die sangen,
und konnte endlich ruhig schlafen,
in Sorge nur ob eines Sternes,
der mir zusah und voll Schadenfreude
herabzwinkerte beharrlich.

Doch der Morgen in seinem Liebreiz
malte blau die schwarze Nacht an,
und meine Feinde, die Sterne,
wurden vom Tageslicht gefressen,
indes ich beruhigt wieder sang,
ohne Katastrophe und ohne Gitarre.

ERINNERUNGEN AN EINE FREUNDSCHAFT

Was für einen dicken Schädel
hatte mein Freund Rupertino,
stets setzte er sein selbstlos Wesen
bei Unternehmen ein, die nichts nützten:
erforschte längst erforschte Reiche,
produzierte millionenfach Knopflöcher,
eröffnete den Verein der Heldenwitwen
und verkaufte Rauch in Flaschen.

Ich spielte von Kind auf Sancho
bei meinem Gesellen Don Quijote,
argumentierte energisch dagegen,
weise wie eine fürsorgliche Tante,
als er Orangen auf den Dächern
von Notre-Dame pflanzen wollte.
Dann litt ich ihn nicht länger und ließ ihn
gewähren in seinem neusten Gewerbe,
dem »Sargboot«, den »Sarkophagkähnen«
für potentielle Selbstmörder.
Auch mir riß einmal die Geduld,
ich brach den Kontakt zu ihm ab.

Als mein Freund zum Präsidenten
gewählt wurde von Kostaragua,
ernannte er mich zum höchsten General,
zum Wächter seines Staates:
sein Befehl hieß: Einrücken
in die Kaffeepflanzermonarchien,
die, regiert von wüsten Fürsten,
seine Existenz bedrohten.

Weil ich von Charakter schwach bin
und ein alter Freund und Kindskopf,
steckte ich mir an die Epauletten

und zog mit vierzig wackeren Männern,
alle unfreiwillig, an die Grenzen.

Keiner weiß, wie es sich
ins Gras der Niederlage beißt:
Zwischen Elfenbein- und Kostaragua-Küste
zerflossen in der Hitze
meine kampferprobten Krieger,
und allein stand ich, umstellt
von fünfzig wütenden Fürsten.

Zerknirscht, kein General mehr,
kam ich heim aus den Kriegen,
fragte nach meinem Freund Don Quijote:
Doch niemand wußte, wo er war.

Hernach fand ich ihn in Kanada,
er verkaufte Federn vom Pinguin
(dem Vogel federlos par excellence)
(was allerdings ohne Belang war
für meinen dickschädligen Kumpel).

Vielleicht steht er einmal
plötzlich auch vor eurer Tür.
Glaubt ihm dann alles, was er sagt:
Im Grunde hatte er und nicht ich
in allem seit jeher recht.

RÄTSEL FÜR RUHELOSE

An irgendeinem Tag des kommenden Jahres
finde ich gewiß eine andere Uhrzeit,
Zeit, der's die Haare fortschwemmt,
Zeit, die nie mehr verrinnt:

als springe an dem Punkt sie entzwei
und öffne ein Fenster, einen Spalt,
dadurch wir gelangen zum Grund.

Gut, der Tag, die bewußte Stunde
wird kommen und macht alles anders:
unklar fortan, ob gestern vorüber
oder ob, was wiederkehrt, nie geschehen.

Fällt eine Stunde dann von der Uhr
zu Boden und hebt niemand sie auf,
haben wir endlich vertäut die Zeit,
wissen wir endlich, wo beginnen
und, ach, wo enden die Geschicke,
denn im toten, im erloschnen Brocken
erkennen wir den Baustoff der Stunden,
wie man ein Insektenbein erkennt.

Dann haben wir die satanische Macht,
die Stunden zurückzudrehn oder vor:
zu fahren zur Geburt oder zum Tode,
ein dem Unendlichen entwendeter Motor.

DAS HIEROGLYPHENHUHN

So gebrechlich war mein Bekannter,
daß er Abenddämmer nicht aushielt.
Er fühlte sich vom nahenden Dunkel,
der milden Kritik am Tage,
in seiner Person beleidigt.

Mein armer Freund, er hatte
wohl irdische Güter geerbt und konnte
Jahreszeiten überspringen, mal Schneeland,

mal Sumatras Palmen aufsuchen:
Doch wie sollte er ausweichen
dem unausweichlichen Abenddämmer?

Schlaftabletten schluckte er, grüne,
und ausgefallene Spirituosen,
schwamm im Bierschaum,
suchte Ärzte auf und wälzte
Arzneimittelbücher, Almanache,
verlegte gar die Liebe auf diese Stunde,
alles vergebens:
Fast hörte sein Herz auf zu schlagen
oder schlug zu heftig, weil es
sich wehrte gegen die fatale,
Tag für Tag neu und unabwendbar
heraufziehende Dämmerstunde.
Qualvoll schleppte sich, apathisch
mein armer Freund durchs Leben.

C. B. und ich gingen mit ihm
in ein Restaurant in Paris,
und zwar um diese Zeit, auf daß er
ins Auge der nahenden Nacht sehe.
Doch vermutete unser Freund
eine beunruhigende Hieroglyphe
in der Kost, die man ihm tischte.
Sogleich schleuderte er rasend
das Hieroglyphenhuhn, das gleichnishafte,
dem wohlmeinenden Herrn Ober
in dem Lokal an den Schädel.
Indes sich der Abenddämmer
schloß wie ein Himmelsfächer
über den Turmbauten von Paris,
troff dem tief verwirrten Kellner
Soße über die Augen.

Die Nacht kam und ein neuer Tag –
was tun mit unserem Schmerzensmanne?
Dunkel senkte sich auf ihn Vergessen
wie bleierne Abenddämmerung.

C. B. rührt an diese Geschichte
in einem Brief, den ich besitze.

MORGEN MIT FRISCHER LUFT

Ein Gefangener der freien Luft,
kommt am hellen Morgen ein Mensch
wie eine Glaskugel daher.
Was kann er wissen, was erkennen,
wenn er, eingesperrt wie ein Fisch,
in der Weite und Stille lebt,
wenn ihm frisches, argloses Laubwerk
die Fliegen des Bösen verbirgt?

Ich empfinde die Pflicht als Priester,
als reumütiger Geograph,
als Naturforscher, der hereinfiel,
dem Fremden die Augen zu öffnen.

Ich stelle mich ihm in den Weg
und stoppe sein blitzendes Fahrrad:

Vergißt du denn, sage ich, Landmann,
Ignorant, randvoll mit Ozon,
vergißt du die Kate des Unglücks
und alle die Winkel voll Elend?

Weißt du nicht, daß da mit dem Dolch,
dort mit Würgeisen und durch Steinwurf,

woanders mit schwarzem Revolver,
in Chicago mit blanker Gabel
die Tiere ermordet werden,
die Tauben in Stücke gerissen,
die Rüben einfach abgehauen?

Laß fahren den puren Ozon,
so sprach ich zum bestürzten Radler,
nein, du hast nicht das Recht, dein Leben
bloß der reinen Klarheit zu widmen.
Hinein muß man ins dunkle Haus,
in die lange Gasse des Todes,
muß das Blut, das Grauen berühren,
das entsetzliche Übel teilen.

Und der Fremdling starrte mich an
mit seinen zwei staunenden Augen,
dann entschwand er im Licht der Sonne,
ohne Antwort, ohne Verständnis.

Und er ließ mich stehen, betrübt,
einsam redend auf leerer Straße.

ZEIT, NICHT VERSCHWENDET

Illusionen zählen nicht mit
und nicht bitter Erkanntes,
mit keinem Maß läßt sich zählen,
was uns nicht geschehen könnte,
was um uns summte wie Hummeln,
ohne daß wir überhaupt merkten,
was uns alles ging verloren.

Verlieren bis zum Verlust des Lebens
heißt Leben erleben und den Tod,
und nicht flüchtige Dinge sind es,
sondern sichtlich Konstanten,
durchgehende Leere,
Stille, der alles verfällt
und zuletzt wir verfallen.

Ach, was so nah an uns war,
und wir durften's nicht wissen!
Ach, was durft' alles nicht sein
und hätte doch sein können!

Soviele Flügel sind geflogen
um Gebirge an Wehmut,
und soviele Räder gerumpelt
auf des Schicksals Landstraße –
was haben wir noch zu verlieren?

Die Klagelieder gehen mir aus.

MAL WAS ANDERES

So selten passieren mir Dinge –
ich muß sie noch und noch erzählen.
Niemand schenkt mir Asphodillen,
um niemanden muß ich seufzen.
Angelangt am Kreuzweg
eines wirren Geschickes,
verlöschen sämtliche Uhren,
stürzt der Himmel ein überm Himmel,
bis der Tag, dem Tode nahe,
mit dem Monde ausfährt.

Wie lange spult sich die Schönheit
tagundnachtgleich noch ab,
die erst grün und dann rund ist,
Brandung erst, dann Katarakt,
von stolzer Sonne zu bleichem Mond wird,
von Ödnis zu Kapitol,
ohne daß die Gleichung der Welt gestört wird,
auf der nie etwas passiert?

Nichts passiert als ein Tag,
der wie ein Musterschüler sitzt
mit seinen Urkunden, Abzeichen
hinter einem zweiten belobigten Tag,
bis der Wochenreigen
sich zum Ring geschlossen,
den auch die Nacht nicht verklärt,
weil sie wie üblich im Geschmeide
und so geputzt daherkommt.

Heda, ihr, fangt irre Fische,
die gleich Schnabeltieren
die Wände erklettern in meinem Haus
und die neue Balance zerstören,
die mir nachglotzt und mich peinigt.

VORORTE

Gelobt seien die Tugenden und die Laster
der Kleinbürger am Stadtrand,
die sich mehr leisten können als den Kühlschrank
und bunte Sonnenschirme in den Garten stellen,
der sich schon auf den Swimming-Pool freut,
diesem Ideal herrschaftlichen Luxus
meines kleinbürgerlichen Bruders –

denn der bist du, der bin ich – also
dem wahrhaftig Wahren auf dieser Welt.

Die Wahrheit des kurzfristigen Traums –
endlich mal kein Büro am Samstag,
keine unerbittlichen Chefs, wie der Mensch sie
sich schafft in den ausweglosen Silos,
in denen schon immer die Henker geboren wurden,
die da heranwachsen und sich weiter vermehren.

Wir unerschrockenen Mannen und armen Tröpfe,
schwächlichen, unfertigen Prahler,
imstande zu jedem möglichen Unding,
solang es nicht zu sehen ist, nicht zu hören,
wir flüchtigen Donjuans und Donjuanas
in der Vergänglichkeit eines Flures
oder eines bänglichen Hotels für Flüchtige.
Wir mit unseren kleinen Eitelkeiten,
unseren Aufsteiggelüsten, denen wir trotzen,
unsrer Lust zu schaffen, was alle geschafft,
denn so kommt die Welt uns vor:
wie eine endlose Rennbahn,
und wir in einer Ecke, vergessen,
und schuld daran sind wahrscheinlich die andern,
die sind uns nämlich so ähnlich,
sogar ihren Lorbeer haben sie gestohlen,
ihre Orden, ihre Titel, ihre Namen.

Buch der Fragen
(1974)

I

Warum fliegen die Riesenflugzeuge
nicht mit ihren Kindern spazieren?

Welcher gelbgefiederte Vogel
legt sein Nest voll Zitronen?

Warum bringt man Hubschraubern nicht bei,
aus der Sonne Honig zu saugen?

Wo hat der Vollmond, wo,
seinen nächtlichen Mehlsack vergessen?

II

Bin ich gestorben, mir unbemerkt,
wen soll ich dann nach der Uhrzeit fragen?

Woher nimmt der Frühling in Frankreich
seine vielen Blätter?

Wo soll ein Blinder nur leben,
wenn ihm die Bienen nachschwirren?

Wenn das Gelb uns ausgeht,
woraus backen wir dann Brot?

III

Sag, ist die Rose nackt
oder hat sie nur solch ein Kleid?

Warum verbergen die Bäume
die Pracht ihrer Wurzeln?

Wer hört die Gewissensqualen
eines kriminellen Autos?

Ist auf der Welt etwas trauriger
als ein regloser Zug im Regen?

IV

Wieviele Kirchen stehen am Himmel?

Warum überfällt der Haifisch
nicht die ungerührten Sirenen?

Unterhält der Rauch sich mit den Wolken?

Müssen Hoffnungen wirklich
mit Tau begossen werden?

V

Was hast du da unterm Höcker?
fragte das Kamel die Schildkröte.

Und die Schildkröte wollte wissen:
Wovon plauderst du mit den Orangen?

Hat ein Birnbaum noch mehr Blätter
als die »Suche nach der verlorenen Zeit«?

Warum begehen die Blätter Selbstmord,
sobald sie sich gelb werden fühlen?

VI

Warum segelt der Schlapphut der Nacht
mit soviel Löchern dahin?

Was sagt die ausgeglühte Asche,
wenn ums Feuer sie trippelt?

Warum vergießen Wolken so viele Tränen
und werden dabei immer froher?

Wem leuchten die Blütenstempel der Sonne,
wenn Sonnenfinsternis sie verdunkelt?

Wieviele Bienen hat eigentlich der Tag?

VII

Ist der Frieden der Taube Frieden?
Führt der Leopard etwa Krieg?

Warum unterrichtet der Lehrer
die Geographie des Todes?

Was passiert mit den Schwalben,
die zu spät zur Schule kommen?

Tragen sie wirklich durchsichtige Post aus
quer über den ganzen Himmel?

VIII

Was erbittert nur die Vulkane,
daß sie Feuer, Frost, Furien speien?

Warum vermochte Christoph Kolumbus
Spanien nicht zu entdecken?

Wieviele Fragen hat eine Katze?

Schwimmen die ungeweinten Tränen
in kleinen Seen und warten?

Oder bilden sie unsichtbare Flüsse,
die zur Trauer hin fließen?

IX

Ist die Sonne die gleiche wie gestern
oder glüht ihre Glut heute anders?

Wie sollen wir danken den Wolken
für ihre flüchtige Fülle?

Woher kommt die dicke große Wolke
mit ihren schwarzen Säcken voll Tränen?

Wo sind die alten Namen,
süß wie einst die Kuchen?

Wo sind sie hin, die Amalien,
die Cäcilien und die Hedwigs?

X

Was halten in hundert Jahren
von meinem Hut die Polen?

Was sagen von meiner Dichtung,
die an mein Blut nie rührten?

Wie wird der Schaum denn gemessen,
der am Bierglas herabläuft?

Was tut eine Fliege, gefangen
in einem Sonett von Petrarca?

XI

Wie lange reden noch die andern –
haben wir doch schon geredet?

Was würde wohl José Martí
von Marinello als Pädagogen halten?

Wieviel Jahre alt ist der November?

Was zahlt der Herbst ab
mit dem vielen gelben Geld?

Wie heißt der Cocktail, bei dem Wodka
mit Blitzen gemixt wird?

XII

Und wem lächelt der Reis zu mit seinen
unzähligen weißen Zähnen?

Warum wird in finsteren Epochen
mit unsichtbarer Tinte geschrieben?

Weiß die Schöne in Caracas,
wieviel Röcke die Rose anhat?

Warum beißen mich die Flöhe
und die Literaturfeldwebel?

XIII

Gibt es wirklich nur in Australien
lüsterne Krokodile?

Wie teilen die Orangen im Orangenbaum
die Sonne unter sich auf?

Entstammt das Gebiß des Salzes
einem bitteren Munde?

Fliegt des Nachts auch wirklich
ein schwarzer Kondor über mein Land?

XIV

Und was meinten die Rubine
angesichts des Safts der Granatäpfel?

Warum läßt sich der Donnerstag nicht überreden,
nach dem Freitag zu kommen?

Wer hat alles laut gejubelt,
als die blaue Farbe zur Welt kam?

Warum wird es auf der Erde düster,
sobald die Veilchen auftauchen?

XV

Ja, rüstet man denn wirklich
zum Aufstand der Pullover?

Warum spendet der Frühling schon wieder
seine grünen Gewänder?

Warum lachen bestellte Äcker
über des Himmels fahle Tränen?

Wie ist das stehengelassene Fahrrad
zu seiner Freiheit gekommen?

XVI

Arbeiten Salz und Zucker
an einem weißen Turmbau?

Stimmt es, daß im Ameisenhaufen
das Träumen Pflicht ist?

Weißt du, über welchen Gedanken
im Herbst die Erde brütet?

(Warum nicht dem ersten goldenen
Blatt eine Medaille verleihen?)

XVII

Ist dir aufgefallen, daß der Herbst
wie eine gelbfarbene Kuh ist?

Und wieso wird aus dem Herbsttier
dann ein düsteres Gerippe?

Und wieso sammelt der Winter
soviel geradlinige Blaus an?

Und wer hat den Frühling
um sein klares Regiment gebeten?

XVIII

Wie hat der Wein von der Werbung
der Traube erfahren?

Weißt du auch, was schwerer ist,
wenn Korn reift oder wenn es rieselt?

Ist ein Leben schlimm ohne Hölle?
Können wir sie nicht wieder errichten?

Und den tristen Nixon mit dem Hintern
auf die Herdplatte setzen?

Ihn auf kleiner Flamme
in US-amerikanischem Napalm schmoren?

XIX

Hat je jemand das Gold gezählt
auf dem Hoheitsgebiet des Maises?

Weißt du, daß der Nebel grün ist
mittags in Patagonien?

Wer singt da auf des Wassers Grund
in der verwaisten Lagune?

Worüber lacht die Melone,
während man sie ermordet?

XX

Stimmt es, daß der Bernstein
Tränen enthält von Sirenen?

Wie heißt eine von Vogel
zu Vogel flatternde Blume?

Ist *nie* nicht doch besser als *spät*?

Warum wollte der Käse in Frankreich
auch unbedingt Großes vollbringen?

XXI

Als es Licht ward erstmals,
war das in Venezuela?

Wo liegt der Mittelpunkt des Meeres?
Warum laufen dahin nicht die Wellen?

Stimmt es, daß damals der Meteor
eine Taube aus Amethyst war?

Kann ich mein Buch fragen,
ob ich es wirklich geschrieben?

XXII

Liebe, ach, Liebe zu dem da und jener,
sie sind ja nicht mehr, wo sind sie hin?

Gestern, ach, gestern fragt' ich meine Augen,
wann, ach, wann sehen wir uns wieder?

Und wenn sich die Landschaft ändert,
sind es deine Handschuhe oder deine Hände?

Wenn im Wasser das Blau singt,
wie riecht dann im Himmel der Schall?

XXIII

Zieht der Schmetterling fort,
wird er dann zum fliegenden Fisch?

Es stimmt also nicht –
Gott lebte nicht auf dem Mond?

Nach welcher Farbe riecht es,
wenn Veilchen blau weinen?

Wieviele Wochen hat ein Tag
und wieviel Jahre ein Monat?

XXIV

Ist die Vier für alle eine Vier?
Sind die Sieben alle gleich groß?

Denkt ein Häftling an Licht,
ist es dasselbe Licht, das dir leuchtet?

Hast du dir überlegt, wie
der April der Kranken gefärbt ist?

Welche westliche Monarchie
schmückt sich mit Mohn statt mit Fahnen?

XXV

Warum haben sich zum Warten
auf den Schnee die Bäume entkleidet?

Woher weiß man, wer Gott ist
unter den Göttern von Kalkutta?

Warum leben die Seidenraupen
alle in solchen Lumpen?

Warum ist es so hart, das süße
Herzstück der Kirsche?

Ist es darum, weil es sterben
oder weil es weiterleben muß?

XXVI

Der würdevolle Senator,
der mir ein Schloß angedichtet,

hat er mit seinem Neffen den Kuchen
für den Mord schon gefressen?

Wen führt die Magnolie irre
mit ihrem Duft nach Zitronen?

Wo legt der Adler den Dolch ab,
wenn er auf Wolken sich bettet?

XXVII

Haben sich die abhandengekommenen Züge
vielleicht zu Tode geschämt?

Wer sah je die Laus über die Leber laufen?

Worein senkten sich die Augen
Paul Eluards, des Genossen?

Hast du noch Platz für Dornen?
fragte jemand den Rosenstock.

XXVIII

Warum entsinnen sich alte Leute
weder ihrer Schulden noch ihrer Narben?

War er echt, jener Duft
des verblüfften jungen Mädchens?

Warum verstehen arme Leute nichts mehr,
kaum daß sie nicht mehr arm sind?

Wo finde ich eine Glocke,
die in deinen Träumen läutet?

XXIX

Wie weit, aufgerundet, in Metern,
ist es von der Sonne zu den Orangen?

Wer weckt die Sonne, wenn sie
schläft auf ihrem glühenden Bett?

Zirpt die Erde wie eine Grille
im Konzert des Himmels?

Stimmt es, daß Trauer breithüftig
und schmal ist die Schwermut?

XXX

War Rubén Darío beim Schreiben
seines blauen Buchs nicht noch grün?

War Rimbaud nicht scharlachrot gefärbt
und Luis de Góngora violett?

War Hugo dreifarbig wie die Trikolore?
Und ich selber gelbgestreift?

Finden sich Erinnerungen armer Leute
allesamt auf Dörfern zusammen?

Und verwahren die Reichen
ihre Träume in Edelsteintruhen?

XXXI

Wen kann ich fragen,
was auf dieser Welt ich suche?

Warum muß ich mich rühren wider Willen,
warum kann ich nicht stillstehn?

Warum rolle ich dahin ohne Räder,
warum flieg ich ohne Flügel und Gefieder,

und was treibt mich zu wandern,
sind meine Knochen doch zuhaus in Chile?

XXXII

Gibt es Dümmeres im Leben,
als Pablo Neruda zu heißen?

Wohnt im Himmel über Kolumbien
jemand, der Wolken sammelt?

Warum werden Regenschirmkongresse
immer in London abgehalten?

Hatte die Königin von Saba
amaranthrotes Blut in den Adern?

Weinte Baudelaire, wenn er weinte,
vielleicht schwarze Tränen?

XXXIII

Warum ist die Sonne dem Wanderer in der Wüste
eine so schlechte Freundin?

Und warum ist die Sonne so nett
im Krankenhausgarten?

Sind es Vögel oder sind es Fische,
was der Mond da im Netz schleppt?

Habe ich, wo die andern mich verloren,
endlich zu mir gefunden?

XXXIV

Kann ich mir aus den Tugenden, die ich vergessen,
einen neuen Anzug schneidern lassen?

Warum sind die besten Flüsse nach Frankreich,
um gerade da zu fließen?

Warum wird es seit Guevaras Nacht
in Bolivien nicht mehr Tag?

Und sucht dort nach seinen Mördern
des Gemordeten Herz?

Schmecken des Exils schwarze Trauben
am Anfang nach Tränen?

XXXV

Ist unser Leben nicht vielleicht ein Tunnel
zwischen zwei verschwommenen Lichtern?

Oder ist es nicht eher ein Licht
zwischen zwei Dreiecken düster?

Oder ist unser Leben gar ein Fisch,
der zum Vogel bestimmt war?

Besteht der Tod dann aus Nichtsein
oder aus gefährlichen Substanzen?

XXXVI

Ist der Tod nicht vielleicht am Ende
des Teufels nicht enden wollende Küche?

Was tun deine Knochen, wenn sie zerfallen,
nehmen sie noch einmal deine Gestalt an?

Werden deine Trümmer in eine andre Stimme,
in ein anderes Licht umgegossen?

Sind deine Würmer dann Teil
von Schmetterlingen oder Hunden?

XXXVII

Erstehen einst aus deiner Asche
Tschechoslowaken oder Schildkröten?

Wird dein Mund Nelken küssen
mit anderen, künftigen Lippen?

Weißt du auch, woher der Tod kommt,
von oben oder von unten,

von Mikroben oder von Mauern,
von Kriegen oder vom Winter?

XXXVIII

Meinst du nicht, der Tod lebt
in der Sonne einer Kirsche?

Kann einen nicht auch der Kuß
des Frühlings umbringen?

Glaubst du, Trauern verschafft dir
die Fahne deiner Bestimmung?

Erkennst du auch im Totenschädel
deine zu Gebein verdammte Sippe?

XXXIX

Spürst nicht auch du die Gefahr
im wiehernden Lachen des Meeres?

Siehst du in der blutigen Seide
des Mohns nicht eine Bedrohung?

Siehst du nicht, wie der Apfelbaum blüht,
nur um im Apfel zu sterben?

Weinst du nicht, umschwirrt von Gelächter,
beim Anblick der Flaschen voll Vergeßnem?

XL

Wem steht der zottige Kondor Rede
und Antwort für sein Tun und Lassen?

Wie nennt man die traurige Stimmung
bei einem einsamen Schafe?

Was geht im Taubenschlag vor,
wenn die Tauben singen lernen?

Wenn die Fliegen Honig sammeln,
beleidigen sie damit die Bienen?

XLI

Wie lange lebt noch ein Nashorn,
läßt es sich erst einmal erweichen?

Was erzählen die Blätter eigentlich Neues
vom eben angebrochenen Frühling?

Leben die Blätter im Winter
heimlich bei den Wurzeln?

Was hat der Baum von der Erde gelernt,
daß er jetzt mit dem Himmel plaudert?

XLII

Wer leidet mehr, der immer wartet
oder der nie eines Menschen geharrt?

Wo ist der Regenbogen zu Ende,
in deiner Seele oder am Horizont?

Wird ein unsichtbares Gestirn einst
vielleicht zum Himmel der Selbstmörder?

Wo stehen die erzenen Weinberge,
von denen die Sternschnuppe abstürzt?

XLIII

Wer war die Frau, die dich damals
im Traum liebte, als du schliefest?

Wohin wandert all das Geträumte?
In die Träume anderer Menschen?

Und dein in Träumen lebender Vater,
muß er sterben, wenn du erwachst?

Treiben Blüten die Traumgewächse,
und reifen ihre todernsten Früchte?

XLIV

Wo ist das Kind, das ich gewesen,
wohnt es in mir oder ist es fort?

Weiß es, daß ich es nie geliebt hab
und es mich auch niemals gemocht?

Warum sind wir denn dann so lange
gewachsen – nur um uns zu trennen?

Warum sind wir nicht beide gestorben,
als meine Kinderzeit wegstarb?

Und wenn der Mut von mir gesunken,
warum bleibt mein Skelett bei mir?

XLV

Ist das Gelbe in den Wäldern
auch das Gelb vom gestrigen Jahr?

Und kehrt das schwarze Geflatter
des zähen Seevogels wieder?

Und nennt man den Endpunkt im Weltraum
den Tod oder das Grenzenlose?

Was hängt schwerer am Gürtel,
Erlittenes oder Unvergessenes?

XLVI

Und wie heißt wohl der Monat
zwischen Dezember und Januar?

Mit welchem Recht wurden die zwölf
Trauben der Traube numeriert?

Warum bekamen wir keine dehnbaren
Monate, die ein Jahr lang dauern?

Hat dich der Frühling nicht genarrt
mit Küssen, die nicht erblüht sind?

XLVII

Hörst du mitten im Herbst
das gelbe Krachen und Bersten?

Aus welchem Grund oder Ungrund
weint der Regen um seine Freude?

Welche Vögel diktieren dem Schwarm,
wenn er fliegt, die Flugordnung?

Woran orientiert sich der Kolibri
in seinem symmetrischen Geflirr?

XLVIII

Sind die Brüste der Sirenen
runde Schneckenhäuser?

Oder versteinerte Wellen
oder erstarrtes Spiel der Gischt?

Steht die Wiese nicht in Flammen
vor entfesselten Leuchtkäfern?

Haben des Herbstes Friseure
den Chrysanthemen das Haar zerzaust?

IL

Wenn ich wieder einmal das Meer seh,
sieht das Meer dann auch mich oder nicht?

Wozu fragen mich die Wellen,
wonach auch ich sie frage?

Und wieso branden mit soviel vergeblichem
Schwung sie gegen die Felsen?

Werden sie nicht müde, immer wieder
dem Strand ihre Liebe zu erklären?

L

Wer vermag das Meer zu überreden,
daß es vernünftig sein soll?

Wozu zertrümmert es blauen
Bernstein und grünen Granit?

Und wozu die vielen Runzeln
und die vielen Löcher im Riff?

Ich laufe immer hinterm Meer her –
doch wohin, wenn es mich einholt?

Warum versperre ich mir den Weg
und geh dem Meer in die Falle?

LI

Wieso kann ich Städte nicht ausstehn
mit ihrem Geruch nach Urin und nach Frauen?

Ist die Stadt nicht ein Ozean
mit pulsierenden Matratzen?

Gibt es in der Ozeanwelt der Lüfte
keine Inseln und keine Palmen?

Warum mußte ich wieder zurück
zum ungerührten, maßlosen Weltmeer?

LII

Wie groß war die schwarze Krake,
die des Tages Frieden verdunkelte?

Waren ihre Fangarme aus Eisen,
aus erloschenem Feuer ihre Augen?

Und der dreifarbige Walfisch,
warum schwamm er mir in die Quere?

LIII

Wer verschlang da vor meinen Augen
einen Haifisch voller Pusteln?

War der Schuldige der Raubfisch
oder die blutigen kleinen Fische?

Ist das Ordnung oder ein Schlachten,
diese Abfolge von Zerrüttung?

LIV

Wollen die Schwalben sich wirklich
auf dem Mond niederlassen?

Nehmen sie auch den Frühling mit,
picken sie ihn von den Simsen?

Ziehen die Schwalben im Herbst
dann wieder fort vom Mond?

Suchen schnappenden Schnabels
sie Wismutproben am Himmel?

Und setzen sie sich dann wieder,
aschebestäubt, auf die Balkone?

LV

Warum schickt man nicht Maulwürfe
und Schildkröten auf den Mond?

Könnten die Erbauer von Höhlen
und Schlitzen unter den Tieren

nicht diese ausgedehnten
Inspektionsreisen übernehmen?

LVI

Meinst du nicht, Dromedare
horten Mond in den Höckern?

Säen sie ihn nicht heimlich
aber ausdauernd in die Wüste?

Und ist das Meer vielleicht
kurz an die Erde verliehen?

Werden wir es nicht samt Ebbe und Flut
an den Mond zurückgeben müssen?

LVII

Sollte man interplanetarisches Küssen
nicht lieber verbieten?

Warum nicht erst die Dinge ergründen,
bevor wir Planeten herrichten?

Warum eigentlich nicht das Schnabeltier
in seiner Raumfahrerrüstung?

Wurden Hufeisen nicht erst
für Mondpferde geschmiedet?

LVIII

Was pochte denn da in der Nacht?
Waren es Planeten oder Hufeisen?

Muß ich mich heut morgen entscheiden
zwischen nacktem Meer und Himmel?

Und warum ist der Himmel
so früh in seinen Nebel gekleidet?

Was harrte meiner in Isla Negra?
Grüne Wahrheit oder Würde?

LIX

Warum bin ich nicht als Rätsel geboren?
Warum mußte ich ohne Gefährten aufwachsen?

Wer hieß mich die Türen eintreten
zu meinem eigenen Hochmut?

Und wer ging hinaus und lebte,
wenn ich schlief oder krank war, statt meiner?

Welche Fahne ward da aufgezogen,
wo man mich nicht vergessen?

LX

Und was gibt man auf mich
vor dem Vergessensgericht?

Wer vertritt das Ergebnis,
das künftige, das erst kommt?

Das Saatkorn vielleicht
in seiner hellgelben Vielzahl?

Oder das kernharte Herz,
der Abgesandte des Pfirsichs?

LXI

Springt der Quecksilbertropfen blank
nach unten oder nach immer?

Sieht meine unglückselige Dichtung
wohl auch mit meinen Augen?

Werde ich nach mir riechen und wie ich leiden,
wenn, ein gebrochener Mann, ich einst schlafe?

LXII

Was, wenn einer noch weiter will
in der Sackgasse des Todes?

Wie kann in der Salzwüste
etwas Blüten treiben?

Im Meer des Nichts-los-hier,
ist da ein Hemd zum Sterben?

Sind die Gebeine zerfallen,
wer haust im allerletzten Staub?

LXIII

Wie einigt man sich mit den Vögeln
auf eine Übersetzung ihrer Sprachen?

Wie bring ich der Schildkröte bei,
daß ich noch langsamer bin als sie?

Wie stelle ich dem Floh die Frage
nach seinen Hochsprungwerten?

Und was sage ich den Nelken
zum Dank dafür, daß sie duften?

LXIV

Warum flattert meine verwaschene
Wäsche wie eine Fahne?

Bin ich zuweilen ein Bösewicht
oder immer ein Guter?

Erlernt man eigentlich Güte
oder nur die Maske der Güte?

Sind die Rosen des Bösen nicht weiß
und schwarz die Blumen des Guten?

Wer gibt der vielköpfigen Unschuld
ihre Namen und ihre Nummern?

LXV

Glitzert der Tropfen Metall
wie eine Silbe in meinem Lied?

Und kriecht nicht ein Wort
mitunter wie eine Schlange?

Hat nicht ein Name in deinem Herzen
geknistert wie eine Orange?

Aus welchem Fluß stammen Fische?
Gar vom Wort *Tafelsilber*?

Und gehen Segelschiffe nicht unter
wegen ihres Übergewichts an Vokalen?

LXVI

Wer stößt Rauch, Feuer, Dampf aus –
die drei *O* in der Lokomotive?

In welcher Sprache regnet es
auf kummergewohnte Städte?

Welche zarten Silben flötet
der Wind im Frühlicht am Meer?

Steht ein Stern weiter offen
als *Amapola*, der Mohn?

Gibt es zwei schärfere Zähne
als die Silben in *Schakal*?

LXVII

Kannst du mich lieben, Fibel,
und substantivisch küssen?

Ist ein Wörterbuch ein Grabplatz
oder eine verschloßne Wabe mit Honig?

An welchem Fenster verweilt' ich
und besah mir begrabene Zeit?

Oder ist, was ich sehe von fernher,
mein noch Ungelebtes?

LXVIII

Wann liest der Schmetterling, was geschrieben
steht und mitfliegt auf seinen Flügeln?

Welche Buchstaben kennt die Biene –
woher weiß sie ihren Flugplan?

Mit welchen Zahlen rechnet die Ameise
ab ihre toten Soldaten?

Und wie heißen die Orkane,
wenn sie sich nicht bewegen?

LXIX

Stürzen Gedanken der Liebe
ab in erloschene Vulkane?

Ist ein Krater ein Racheakt
oder straft uns durch ihn die Erde?

Mit welchen Sternen reden und reden
die Flüsse, die nirgends münden?

LXX

Bei welcher Arbeit schwitzt Hitler
Blut und Wasser in der Hölle?

Streicht er Wände oder Leichen?
Riecht er am Gas seiner Toten?

Bekommt er die Asche zu fressen
der vielen zu Asche verbrannten Kinder?

Bekommt er seit seinem Tode
Blut im Trichter zu trinken?

Oder hämmert man ihm Goldzähne,
andern herausgebrochen, in den Mund?

LXXI

Oder wird er zum Schlafen
auf seinen Stacheldraht gebettet?

Oder wird ihm die Haut tätowiert
für die Lampenschirme der Hölle?

Oder beißen ihn ohne Gnade
die schwarzen Feuerhunde?

Oder muß er Tag und Nacht reisen,
pausenlos, mit seinen Gefangenen?

Oder sterben, ohne sterben zu dürfen,
für alle Ewigkeit unterm Gas?

LXXII

Wenn alle Flüsse doch süß sind,
woher hat das Meer dann sein Salz?

Woher wissen die Jahreszeiten,
daß sie das Hemd wechseln müssen?

Warum so schleppend im Winter
und so fieberhaft eilig danach?

Und woher wissen die Wurzeln,
daß sie zum Licht hinauf müssen?

Und der Luft guten Tag sagen
mit all den Blumen und Farben?

Spielt denn immer derselbe Frühling
nur ein weiteres Mal seine Rolle?

LXXIII

Wer bewirkt mehr auf der Erde,
der Mensch oder die kornwarme Sonne?

Fichte oder Klatschmohn –
wen liebt die Erde mehr?

Orchideen oder Weizenähren –
wer ist ihr lieber?

Warum soviel Pracht für eine Blume
und nur trübes Gold für den Weizen?

Hält der Herbst zu Recht Einzug
oder ist er als Jahreszeit illegal?

LXXIV

Warum verweilt er im Geäst,
bis die Blätter abfallen?

Und wo werden seine gelben
Hosen danach aufgehängt?

Nicht wahr, es scheint so, als warte
der Herbst, daß sich etwas ereigne?

Daß ein Blatt vielleicht erzittert
oder das Universum vorbeifliegt?

Ist denn ein Magnet unter der Erde,
ein Magnet und Bruder des Herbstes?

Wann wird unterm Erdboden
die Berufung der Rose verordnet?

Elegie
(1974)

I

Was hat das Haus geholt?
Gnädige Ironie, Geradheit
der Geburt, des Wissens,
auch den Gefährten einst in Madrid,
das heimlich Heldische
des müdegewordenen Herzens!
Ach, mein Gefährte tot!
Wandernd aufs neue,
kurz vor dem Winter und der Rauheit
von Äckern, Stacheln, Dornen, Anden,
in meinem Dornenland,
denk an Alberto ich, sein Kondorantlitz,
den Bildhauer, der aus Metall Hände geformt,
der aus Stoffen, die andere wegwerfen,
Riedgras, Schrott, totem Holz,
ein mächtiges Reich erschuf.

Im fernen Moskau, unterm Schnee
ruht sein toledanisch hartes Skelett,
liegt mein guter Genosse. Genosse!

II

Was ging verloren mir, verloren uns,
als Nazim umfiel wie ein Turm,
wie wenn ein blauer Turm in Trümmer sinkt?

Zuweilen ist mir schon, als sei
die Sonne mit ihm fort – er war der Tag,
ein großer Tag war Nazim, golden schimmernd,
tat seine Pflicht, ging morgens auf

trotz aller Ketten, Kerker, Schläge,
leb wohl nun, strahlender Genosse!

Sawitsch, der Sammetweiche, zwischen Sankt
Basilius und der Siedlung Aeroport
oder im Arbatviertel, rätselhaft noch immer,
wie er umfüllt den Wein aus meinem Chile
in die lederne Trommel seiner Sprache.
Sawitsch, mit dir entschwand
die goldene Biene,
die Honig sammelte für meine Waben!
Mein sanfter Freund, mein klarer Genosse!

III

Nun, da ich abermals
den Fuß setze auf meinen Sand,
kommt Ilja Gregorjewitsch ganz verrunzelt,
ganz zottig Ehrenburg zu mir,
um kurz zu spotten, wie ich lebe,
macht's hell um mich auf seine Weise,
nimmt Illusionen mir, ist streng,
fest überzeugt, mutlos, ermunternd,
mehr noch – und wieviel mehr –, er lädt mich gastlich
in seine Datscha, in sein Herz, so unerbittlich
wie ein alter Degen,
in dessen Knauf er Frankreichs
Rose graviert, als wär es eine
heimliche, frevlerische Liebe.
Ach, unbequemer Freund,
ach, ältrer Bruder, nun muß ich
dahinziehn ohne deine rauhe Zartheit,
ohne Belehrung fortan deiner Weisheit!

IV

Nun eine Träne
um noch einen, den nächsten, Glöckner
war er, mit Schellen und Glockenspiel,
närrisch vor Lachen,
im Fabulieren Meister,
Magier im Zirkus und Poet,
Kirsanow, Sjoma, Bruder,
soeben hab ich, vor zehn Stunden, erfahren
von seinem Tod, kann's noch nicht glauben,
nicht hinnehmen, so fern, jetzt, hier,
die kalte Nachricht,
den Tod, der hat mit eisigen Krallen
zugedrückt, bis es verstummt, sein helles Lied.

Er war mir Heiterkeit,
mein heitres Brot, das Glück
geteilten Weins
und des Entdeckens,
das er abmaß mit seinem großen Zeiger,
Witz märchenhaft
besaß mein lieber Schellengeselle.

Ach weh, er gibt nun keinen Ton mehr,
begraben, listet er sich fortan selber
der Stille ab mit Funkensprühen
und seinen glitzernden Gedichten,
etwas, das mein war an dem Fest,
mein Becher, den ich nicht erhebe
heut, da mein Freund im Dunkeln liegt,
da Schweigen ist um meinen Freund,
da Tränen weint der Mond, gebrochen,
Schneetränen
auf meines Freundes Grab.

V

Moskau, Stadt mit den großen Schwingen,
Albatros der Steppe,
nistend im glitzernden Kreml,
auf Sankt Basilius, in dessen Spielzeugladen,
Stadt auch mit Rechteckseele,
endlos grauen Quartieren,
Kuben, fabrikneu geliefert, und
Schleifen beschreibend legt der Fluß
wie eine Geliebte
den Arm der Festung um die Taille.

Schweigsamste vielleicht und mächtigste
der Städte, noch im gotischen Sternenalter,
unter der Herrschaft insgeheim vielleicht
wie Schnecken in sich verkrochener Kathedralen
mit Bogenfenstern, die sich geduckt, bis sich
mitbeugen mußten die strengen Gestalten
Zar Iwans und Stalins des Schrecklichen,
Stadt in der Zeiten Mitte, zuweilen versunken,
dann wieder so sehr vorhanden und im Zenit,
daß sie erkennbar ist auf dem ganzen Erdball:
Uralte Quader, Heilige senkrecht stehend,
Tempel wie Zuchthäuser so düster,
Kuppeln mit Brustspitzen, vergoldet,
Ballsäle weiß, darinnen huschen
hochdekorierte Namen, welche fielen
gleich roten Nelken, als es Krieg war,
und eine Energie, die schwelt und schweigt
wie offenes Feuer unterm Meer.

VI

Alberto kam, der Toledaner,
halb Baum, halb Bildhauer, ein Knochengesicht,
aus dem Exil zu mir, im langen Zug
aus Spanien und aus Spaniens Kriegen, und nun
leb ich aufs neue mit seinen Schimären:
dem Denkmal für die rote Fahne,
der Heldennadel, dem Obelisk der Zukunft;
er sah schon, wie auf Moskaus Platz
aufragte bis zur Höhe des Ruhms
gigantisch der errungene Sieg.
Doch falscher Realismus hat
verdammt zur Stummheit seine Statuen,
indes man Standbilder, schandbar, mit Schnäuzer,
versilbert oder gar vergoldet,
in Bauten aufstellte und Gärten.

Noch einmal sprach ich, wie gestern, in Spanien
mit ihm, mit seinen Toledaner Geistern.

Mein großer Alberto, er hat gehungert
nach seinem rauhen Schoß Kastilien,
der Fabulierer, Mythenbildner, der Magnet,
der Formenerfinder, der Brotbäcker –
warum mußtest du sterben, warum
auch du, wo dein Gesicht ein Hämmern
und dein Herz groß ist wie wildes Brot?

VII

Und auch du Stadt der rechten Winkel,
inakzeptabel, streng logisch und geboren
aus Hast und Krieg, aus neugeborenem
Zement, aus Beton emporgeschossen,
aus soviel blutgetränkter Asche,
begnadete Stadt der reinsten Glorie
und Bauten, die zum Lachen reizen,
wie Baumkuchen getürmt zum Himmel,
du existierst desungeachtet,
o wimmelndes, o pochendes Leben,
o Stadt, du Wunderwerk; sie fügt
Leben zu all dem Menschenleben
und wächst, behende wie der Dschungel,
wie eine kollektive Erscheinung,
sind doch Dach, Wand und Schlüsselloch
weiß Gott am Ende immer noch schöner
als Regenbogen in sieben Farben,
darauf kein Mensch je wohnen kann.

VIII

Wie oft hab ich gewohnt
bei Freunden,
in Hotels, die ungeheizt,
doch desinfiziert waren;
schließlich zog ich – und viele Male –
ins »National«, alt, zum Versinken
weich wie Polstersessel:
Das neunzehnte Jahrhundert hatte
mit Kerzen angestrahlt die Spiegel,
die Marmorsäulen, die goldnen Engel,
die Decken mit verschämten Nymphen,

bis eines Tags ein kleiner kinnbärtiger Mann,
ganz zugeklebt mit neuen Gesetzen,
in eben demselben Gästezimmer
Dekrete erließ, nach denen Mond und Sonne,
Stahl, Weizen, Schulen ein ganz neues
Gesicht bekommen sollten auf der Welt.

Rein wusch Lenin das Leben
des Planeten,
prüfte, und was bestand, war nicht in Ordnung,
zählte ein jedes Ding, damit nichts umkam,
nur Abgestorbnes ward zu Grabe getragen,
und nur das Schlechte barg sich im Vergangnen.

Kraft seiner Leiden führte Moskau
die Lauterkeit ein in die Geschichte,
als wärs ein buntgemischtes Spiel, so teilte
der Kreml aus die alten Karten,
Geheimnisse, die überholt waren,
und revolutionär trat ein der Frühling
und setzte sich in seine Zimmer.

IX

Die Tauben besuchten Puschkin
und pickten seine Schwermut:
Die Statue aus grauer Bronze spricht zu den Tauben
mit bronzener Geduld:
Die modernen Vögel
verstehen sie nicht,
anders ist heute die Sprache
der Vögel,
und mit Fasern von Puschkin
fliegen sie zu Majakowski hinüber.

Wie aus Blei wirkt seine Statue,
als wäre sie
aus Kanonenkugeln gemacht:
Man schuf nicht seine Zartheit nach,
sondern seinen schönen Hochmut:
Ist er ein Zerstörer
zarter Dinge,
wie konnte er leben
unter Veilchen,
im Licht des Mondes,
in der Liebe?

Etwas fehlt diesen Statuen immer,
erstarrt in der Zeit, in ihre Richtung gebannt;
zielsicher durchstechen sie die Luft
mit kriegerischer Klinge,
oder man läßt sie dahocken (wie Gogol)
als fremde Gäste im Park,
und wieder andere, die es satt haben, ewig im Sattel zu sitzen,
dürfen nicht absteigen, um etwas zu essen.
Verbittert sind in Wahrheit die Statuen,
denn die Zeit lagert sich ab
auf ihnen, als Rost,
und obwohl die Blumen ihnen mählich
die kalten Füße bedecken, sind die Blumen keine Küsse,
auch sie kommen her, um hier zu sterben.

Weiße Tauben, Tagestauben,
und Nachtpoeten
umkreisen die Schuhe
des eisernen Majakowski,
seinen schrecklichen Bronzerock
und seinen eisenharten, niemals lächelnden Mund.

Einmal, es war schon spät, schläfrig war ich schon,
da hörte ich, inmitten der Stadt, vom Fluß zu den Hügeln
herauf
Verse dringen, den Singsang
Wort gewordenen Klangs.
Hörte es Wladimir?
Hören die Statuen?
Wütend schien er,
seine Gebärde duldete keinen Vers:
Vielleicht ist die Statue eine Muschelschale, ein Schnecken-
gehäus
aus Marmor, Bronze, irgendwelchem Stein,
Rückstand von einem verwundeten Tier, das verschwand
und dieses frostige Relikt hinterließ,
hohle Haltung, reglose Bewegung,
Überbleibsel der Seele.

X

’s ist eine Stunde, neigt sich der Tag,
das Aschengrau warnt zum ersten Male,
das Licht schlenkert mit seinem Fischschwanz,
das dürre Wasser der Dämmerung
rinnt herab von den Türmen,
dann denk ich, heute,
ja, heute muß ich
allein durch diese Straßen streifen,
abbiegen von der Gorkistraße, lungern
wie ein durchsichtiges Gespenst
durchs alte Moskau, dessen Gassen
noch immer aufrecht stehen, vorbei an Katen
mit Fenstern, holzgerahmt,
von Himmelsscheren ausgeschnitten,
von Bauernhänden,

an Häusern rosenrot und gelb,
naivgrün oder engelsaugenblau,
Häusern für Engel,
gewachsen, wie das Gemüse schießt
aus ehrlicher Erde:
Altes Moskau mit winzigkleinen Kirchen,
goldhüftigen Kuppelgewölben,
uralt weht der Rauch
von Schornsteinen
und Fernsehantennen her.

XI

Jewtuschenko ist ein Irrer,
ein Clown,
so sagen sie mit verkniffenem Mund.
Komm, Jewtuschenko,
laß uns nicht miteinander reden,
wir haben schon alles besprochen,
bevor wir zur Welt kamen,
und in deiner Dichtung gibt es
Strahlen eines Neumonds,
elektronische Blütenblätter,
Lokomotiven,
Tränen,
und ab und zu, holla,
rauf, runter,
deine Pirouetten, deine hochfliegenden Akrobatenstückchen.
Und warum kein Hanswurst?

Uns fehlt auf der Welt
Napoleon, ein Clown der Schlachten
(später verlorengegangen im Schnee),
Picasso, Clown des Kosmos,

tanzend auf dem Altar
der Wunder,
und Kolumbus, jener traurige Bajazzo,
gedemütigt auf allen Strecken,
der uns vor Jahrhunderten entdeckte.

Nur dem Dichter wollen sie's nicht lassen,
wollen ihm seine Pirouette rauben,
ihm seinen Salto mortale entwenden.

Ich verteidige ihn
gegen die neuen Philister.
Auf, Jewtuschenko,
laß uns im Zirkus zeigen
unsere Tricks und unsere Traurigkeit,
unsere Lust, mit dem Licht zu spielen,
damit die Wahrheit aufblitzt
zwischen Dunkel und Düsternis.
Hurra!
Wir treten auf,
damit der Saal erlischt und im Scheinwerferstrahl
aufleuchten unsere Gesichter,
so daß sie sehen können
zwei muntere Vögel,
bereit zu weinen mit der ganzen Welt.

XII

Die Lebenden, die noch leben,
des bronzenen Dichters Liebste,
eine Frau, zerbrechlicher als ein Rebhuhnei,
dünn wie der Pfiff des wilden Kanarienvogels,
Lili Brik heißt sie, ist meine Freundin,
uralte Freundin. Ich hab nicht gekannt ihr Lodern,

und nur ihr Foto auf den Büchern
Majakowskis hat mich daran gemahnt,
daß ihre erloschnen Augen es waren,
die sowjetisches Purpurrot entzündet
in neuentdeckten Dimensionen.

Hier Lili, die noch immer schillert
in ihrem kärglich kleinen Häuflein Asche,
eine Hand in allem, was zur Welt kommt,
mit einer Rose zum Willkommenheißen
was immer auftritt schweren Flügelschlags,
verletzt von einem späten Stein,
den jemand noch heute nach Majakowski wirft,
weiche und trotzige Lili, guten Abend,
reich mir noch einmal deinen klaren Becher,
laß trinken uns, in einem Zug, auf dich,
auf das Vergangene, das singt und knistert
gleich einem Feuervogel.

XIII

Laß uns verweilen, ich muß
Achmadulina küssen. Hier im Café, es liegt im Dunkeln –
nicht an die Stühle stoßen –,
da in der Ecke glänzt ihr Haar,
es brennt ihr schöner Mund
wie in Granada die Nelken,
und was da blau glimmt, ist nicht Licht von Lampen,
die Augen sind's der Irrationalen,
des Pantherweibs, das aus dem Wald springt
und eine Nachtigall reißt,
sie ist es, Rose zugleich
des Schicksals, Mondzikade,
singt vom Unfaßlichen und vom Glasklaren,

flicht einen Kranz sich aus magischen Dornen
und fühlt sich nirgends heimisch,
wie eine Sirene, die eben dem Meer entstiegen
und schwimmen müßte in der Wüste.

XIV

Schnee auf dem Dach unter meinem Fenster
und auf dem schwarz belaubten Baum
teilt ihn in zwei. Drunten auf den Straßen
ein Schimmer. Der Schnee ist weggeräumt.

Weiter draußen, auf Saatfeldern und Wegen,
in Steppen, Flußbetten, auf Gottesäckern,
auf den vielen, die im Schlaf oder Fieber liegen
oder ermattet sind, auf Garnisonen,
auf Krankenhäusern, Schulen, liegt es weiß,
liegt die entblätterte, kalte Rose
in so grenzenlosem Schweigen;
leise tändelnd, ernsthaft und lauter
oder im Tanze sacht flatternd
oder flink, vergänglich dahinstiebend
wie scharf gezackte Mördersterne
fällt es zur Erde, versinkt und stirbt,
häuft, Feder um Feder, Stille auf Stille,
bis auf schneeigem Laken ruht
die Nacht, die in die Steppe gestürzt ist,
der aus großer Höhe gerieselte Turm.

XV

Ich weiß ja, ich weiß, mit Toten wurden keine Mauern
gebaut, auch keine Maschinen und keine Bäckerläden:
Vielleicht ist es ja so, bestimmt,
meine Seele aber lebt nicht von Bauten,
Gesundheit fließt mir nicht aus Betrieben zu
und Trauer auch nicht.
Bin ich verschlissen, so kommt's von denen,
die mich umhergetrieben, mich besonnten,
mir Existenzen verliehen,
was aber soll ich anfangen mit dem Heldensinn
der Soldaten und der Ingenieure?
Wo ist das Lächeln hin,
wohin die sprechende Malerei,
das Wort, das bildet,
oder das Lachen, das Lachen,
das helle Gelächter
derer, die ich verloren hab auf diesen Straßen,
in diesen Zeitläuften, in diesen Regionen,
da mein Fuß stockte, sie hingegen
weitergingen bis ans Ende ihrer Reise?

XVI

In manchen Gewässern, in einem Lebensraum,
in Häfen, Städten, Fluren
hat manches Zärtliche
unser geharrt oder ward neu gebaut.
Und jedem Menschen stellt sich
die Frage, ob das Erz ausgeht,
das erst bedingt die Seele,
oder ob's weiterlebt als Wurzel,
als vergrabener Klotz,

oder gegangen ist mit denen, die gegangen.
Ob, was noch kauert in den Winkeln
der Überlebenden,
sich schon zum Fortgang rüstet
ganz ohne Abschied,
und wie sollen wir dann ankommen und prallen
auf die neuen Masken,
die flinken Reden,
die, husch, durch neue Straßen schwirren,
durch neue Labyrinthe?
Die Zeit hatte uns schon gewöhnt
an das Gesicht, die gelben Augen,
an die Raison, ans Dulden, wenn
das nicht mehr ist, wie sollen wir dann
das Alphabet des Lebens neu erlernen?

XVII

Vielleicht klopft keiner uns wach
und wir
schlafen nur noch zur Schlafensstunde
und weisen
von uns, was weitergeht,
das Kraut, das unumkehrbar
festwächst und fortwuchert –
gut so, na und, was ist schon dabei?

Warum ja sagen, 's ist doch kein Ersatz
für klares Wasser, Wein vom Weinberg,
tiefes Brot, für Brot, das unser war,
für Zeugen, hochgeehrt oder besudelt –
die waren wir auch und sie sind nicht mehr da,
und nicht etwa, weil sie gestorben,
nein, weil sie fort sind, und unheilbar fort.

XVIII

Denn anders ist's, wenn man in Bücher, in Grabplatten
Namen graviert, die leuchten oder erlöschen.
Nein, das war es nicht, nicht darum ging es,
nichts Unsterbliches, abgeblättert,
sondern um durchaus menschliche Menschen
und was sie geliebt haben, was sie gegessen,
ein jeder anders, ein jeder versunken
in seinem Schweigen oder in seiner Dichte.

So wünsche ich denn nichts herbei oder je fort,
nichts Bedeutendes, wohl aber Nebensachen,
sollen andre doch abwiegen Soll und Haben,
verbissene Streiter, Unentwegte,
ich möchte von ihnen nur Warnichtsweiter,
ein Eintreten ins Haus, darin du atmest,
und nicht nur der Mann ist's und seine Frau,
sondern ein Schwebendes im Raum, ein Sichnichtssagen,
um sich zu einigen auf das Undenkbare.

XIX

Die Nacht ist ausgesperrt vom Aragwi
wie ein Muschik, den man nicht eingelassen,
und kreist nun gebannt um Gelächter und Schaschlik.

Von mir soll es einst heißen, ich war ein Dichter
der Generation Restaurant Aragwi,
Teil des Dufts, der vom Lammbraten aufsteigt,
zuweilen dichte ich wie Rotkraut
oder wie Wein in georgischen Schalen.

XX

Ich armer Sünder unter jedweder Ordnung,
zu Gast bei Essern aus entlegenen Gegenden,
Turkmenen, Kirgisen, herdenhütenden Kaukasiern,
bekenne mich zum Versebauen und Fleischverzehren,
erfreue mich an Leibern ebenso wie an Gesang,
an der tiefsitzenden Seligkeit des Bauches
und an nachtwandlerischer Violinen trunkenem Klang.

XXI

Hier das Glas ist gehärtetes Wasser
aus sowjetischen Wäldern, diese Scheite,
dieser bräutliche Stahl, daraus sind die Messer,
diese Löffelparabel,
dieses Brot, das blüht wie Rosen,
die violettschimmernden Früchte, der Reis,
der sich vermehrt wie das Licht,
all das erschafft und verschenkt ein Volk,
ein Monat Oktober, mühsam und nackt,
der eine Wahrheit antrat, bis dahin unbekannt,
die wuchs so düfteschwer und vielköpfig heran,
daß sie alle, die Hunger litten, ergriff
und die Welt anfüllte mit Bäckerläden.

Oftmals fiel Schnee
auf den Roten Platz, oder er lag
blank, offen, in der Sonne, vor der Orangenfarbe
der Ziegelsteine, der steinalten Mauern.

Die Grabkammer
aus düster rotem Gestein
birgt gleich einem Mandelkern den zerbrechlichen Leib

eines Menschen, und gut tut der harte Stein,
wenn er hütet die Marmorstirn,
die schmalen Beine, die Füße,
die verändert haben der Geschichte Tritt,
und von weither kommen sie, da, ihn zu schauen,
so als trage irgendein nächtiger Stern,
der soeben hier abgestürzt,
den zerbrechlichen Erbauer von Großem.

XXII

Ach, das viele Blut hier, die vielen Kriege,
und welche Ernsthaftigkeit, welcher Jubel!
Was schwamm denn in den Flüssen? Schnee und Blut.
Was war aus den Städten geworden?
Einzig Asche und Rauch.
Und selbst da noch, im Zerstörten,
peitschten auf die Geschosse,
erstanden blitzende Helden.

XXIII

Dann zogen ein in Stalins
Seele Gott und Teufel,
setzten sich fest in seinem Herzen.
Der scharfe Denker, der stille Georgier,
Kenner des Weins und mancher Dinge,
der Kapitän, der klare, seines Volkes
fand ab sich mit den neuen Mietern:
Gott kam mit einem verschatteten Spiegel,
darin er täglich an sich kratzte,
so daß zuletzt das Glas hauchdünn war

und Angst erfüllte seine Augen.
Da kam der Teufel, gab ihm Stricke,
gab Peitschen ihm und gab ihm Taue.
Das Land war voll von seinen Plagen,
in jedem Park hing ein Gehenkter.

XXIV

Warum wucherte über deine Lehre,
die so gradlinig war, dies Schlangengeringel,
bis Angst und Untat ineinander verknäuelt
und ausgelöscht war jegliches Licht?
Die Schmerzenssaat liegt noch immer im Boden!
Unselige Zeit, steig endlich mit in die Gruft!

Nie mehr soll die Erde den Stoff, daraus
Götter gemacht werden und Teufel,
ins Herz der Regierenden sinken lassen:
Man verweise uns auf keinen privaten Himmel
oder eines Vereinsamten kapriziöse Hölle:
Schlag drein mit dem Stein der Partei,
laß zustechen die kollektive Biene,
zertrümmre den Spiegel, zerreiß den Strick,
auf daß im Paradies triumphiere die Rose.

XXV

Lüfte Europas und Lüfte Asiens
treffen sich, prallen ab voneinander,
halten Hochzeit, verschwimmen
in der Stadt an der Grenze:
Kohlenstaub aus Schlesien weht da,

Kelterduft aus Frankreich, italienisch
riecht es nach gebratenen Zwiebeln,
nach Spaniens Rauch, Blut und Nelken,
alles kommt angeweht, aus Tundra und Taiga
tanzen die Schneestürme in der Steppe,
Lufthauch Sibiriens, Kraft ungebrochen,
wilder Gestirne Wind,
Wind aus dem Vollen, zum Ural hin drückt er
mit Händen, wie Malachit grün,
platt Gehöfte und Grasland,
in seinem Zentrum ein Herz aus Regen,
stürzt er herab als schneeige Erzengel.

XXVI

O Trennungslinie zwischen zwei Welten, die zucken,
daß es einem das Herz bricht, im Gepränge
des Schönsten und Vergiftetsten,
Trennungslinie
des Sterbens, der Geburt, und Aphroditens, wie sie
duftet nach Jasminsträuchern kurz vorm Sichöffnen
und weiterspannt ihr Götterwesen, und gerecht verteilt
den Weizen auf dieser, auf ihrer Seite,
unserer aller Ernte und die Gewißheit,
erfüllt zu haben den Traum der Menschen:
O Stadt, schnurgerade, du hackst mit der Axt
in zwei traurige Hälften unsere Seele,
die, beide unzufrieden, warten,
daß die Wunden heilen, daß es
Frieden wird, Zeit für umfassende Liebe.

XXVII

Denn ich Klassiker meines Araukaniens,
Kastilier den Silben nach, doch Zeitgenosse
El Grecos und der geschundenen Seinen,
Kind Apollinaires oder des Petrarca,
ich, der auch Vogel ist auf Sankt Basilius,
auf den possierlichen Kuppeln zu Hause,
den gedrechselten Radieschen, den Zwiebeln
aus Byzanz' Gemüsegarten, der Geistererscheinung
der Ikonen in geometrischer Klarheit,
ich, der ich du bin, bekenne mich zum Ererbten
und dem, was hinzuerworben der Himmel:
Ich und du, alle die an der Grenze wohnen
zwischen der alten Welt und den neuen Welten,
nehmen wehmütig teil am Verfließen
der Winde aus entgegengesetzten Richtungen,
am Einswerden der Zeit, die dahinzieht.

Leben ist freier Raum in Bewegung.

XXVIII

Hat auch so manche Not, Qual und Trauer,
haben auch Angst, Nacht, Schweigen
aufgesogen in dieser bitteren Straße
der unseligen Epoche Substanz,
so entsinnt sich doch die Straße nicht
und sind vom Blut, das vergossen
in dem Krieg, der hier getobt hat,
keine Lachen mehr übrig.
Nein, Moskaus Straße ist ewig jung,
soeben eröffnet,
und genießt die Kühle
im ganzen Arsenal des Frührots.

XXIX

Tau, Schnee, Mond, Regen leben
auf Straßen, Dächern, Tagewerken,
auf dem Traum des Menschen:
Es lebe, was geboren ward, und sein Wachsen!

Salve, Stadt der Menschenfluten,
die erbebt und ihre Fahnen
entrollt, die ihr Halt sind,
ihre Metallblumen, ihren lebendigen Raum!

Gegrüßt seist du, Moskau, unter allen Städten,
Woge im Universum,
Kanal auf diesem Planeten!

XXX

Mit dem ersten Schnee
der Revolution, dem roten Schnee,
entschwand die Malerei mit ihren Orangen.
Ihre wunderbaren Würfel aus der Wirrnis hebend,
lebte sie in Berlin, in Paris, im schwarzen London,
reifte überall in ihrem Exil,
erleuchtete mit ihrem elektrischen Kontakt
die Mauern fremder Länder,
alles wurde orangefarben
durch die bilderwirkende Phantasie
ausgewanderter Juden und Russen,
die andere Sterne erstrahlen ließen.

Indessen hütete Moskau in seiner Schatzkammer,
in der Manege des Marstalls
eine tote Malerei, das Gerümpel

des Kleinbürgertums, die Porträts
von Helden und Pferden,
so überaus fein gemalt,
so heroisch, so richtig und recht, so sakrosankt
wie Stiche in frommen Büchern,
die in Wartezimmern von Krankenhäusern liegen,
abgenutzt durch die Routine toter Maler,
die noch immer am Leben waren.

Ach, aber die Malerei,
die in der Fremde wandert, die unwirkliche, imaginäre,
die zentrale Orange, die Poesie,
sie wird heimkehren in die mütterliche Wohnung,
heim in ihr Schneehaus.

Das Meer und die Glocken
(1974)

AUFTAKT

*Stunde um Stunde macht keinen Tag,
sondern Kummer um Kummer;
Zeit bekommt keine Runzeln,
nutzt sich nicht ab;
Meer, spricht das Meer
ohne Unterlaß,
Erde, spricht die Erde;
der Mensch harrt aus.
Und nur
seine Glocke
hängt da zwischen Glocken,
bewahrt in ihrem Hohlraum
erbarmungslose Stille,
und die wird ausgeteilt, wenn die Zunge
aus Erz tönt, Welle um Welle.*

*Von dem vielen, das einst mein war,
als ich durch die Welt kroch auf Knien,
besitze ich Nackter
heute nur noch den strengen Mittag
des Meeres und eine Glocke.*

*Von ihnen hab ich die Stimme – zum Leiden,
und sie warnen mich – halte inne.*

So ergeht es jedem:

Der weite Raum dauert.

Es lebt das Meer.

Und da sind die Glocken.

SUCHEN

Vom Loblied zur Wurzel des Meeres
zieht sich eine neue Art Leere:
Ich mag nicht mehr, sagt die Welle,
sie sollen das Reden sein lassen,
nicht mehr wachsen
soll der Zementbart
in den Städten:
Wir sind allein,
möchten endlich schreien,
wollen pissen ans Meer,
sieben Vögel sehen gleicher Farbe,
grüne Möwen, dreitausend,
Liebe suchen am Strand,
unsere Schuhe beschmutzen,
unsre Bücher, unsern Hut, unser Denken,
bis wir dich finden, umsonst,
bis wir dich küssen, umsonst,
bis wir von dir singen, umsonst,
ganz und gar umsonst, und nichts tun,
nichts, nie beenden
das Wahre.

HEIMWÄRTS

So viele Tode habe ich vor Augen,
daß ich eben darum nicht sterbe,
ich bringe es einfach nicht fertig,
sie suchen und finden mich nicht,
und ich gehe davon mit dem meinen,
mit meinem armen Geschick,
Schicksal eines verlorenen Pferdes
auf den einsamen Fohlenweiden

im Süden von Südamerika:
Es weht ein eiserner Wind,
die Bäume krümmen sich
von Geburt an:
Sie müssen die Erde küssen,
die Ebene:
Dann kommt der Schnee,
aus tausend Klingen gemacht,
die niemals enden.
Ich bin zurückgekehrt
von dort, wo ich sein werde,
von morgen, Freitag,
ich kehre zurück
mit all meinen Glocken
und blieb angewurzelt stehen,
die Wiese suchend,
die bittere Erde küssend,
wie der gekrümmte Strauch.
Denn es gilt,
dem Winter zu gehorchen,
wachsen zu lassen den Wind,
auch in dir selbst,
bis dann der Schnee fällt,
bis eins werden Heute und Tag,
der Wind und das Vergangene,
Frost sich herabsenkt,
am Ende sind wir allein,
endlich werden wir still sein.
Danke.

DANK EUCH GEIGEN . . .

Dank euch Geigen für diesen Tag
mit vier Saiten. Rein
klingt der Himmel.
Blauer Laut der Luft.

ES SCHEINT, EIN FREMDARTIGES SCHIFF . . .

Es scheint, ein fremdartiges Schiff
soll kommen übers Meer, zu einer bestimmten Stunde.
Nicht aus Eisen ist es, nicht orangerot
sind seine Wimpel:
Niemand weiß, woher
oder wann:
Alles ist bereit,
keinen bessern Empfangssaal gibt es, alles hergerichtet
für das vorübergehende Ereignis.
Der Gischt ist ausgelegt
wie ein feiner Teppich
mit eingewobenen Sternen,
weiter weg das Blau,
das Grün, die ultramarine Bewegung,
alles wartet.
Offen steht das Gewirr der Felsen,
frisch gewaschen, blank, für ewig,
angetreten im Sand
wie ein Ehrenkordon von Burgen,
wie ein Ehrenkordon von Türmen.
Alles
ist bereit,
zu Gast ist die Stille,
und selbst die Menschen, immer zerstreut,
warten, um diese Erscheinung nicht zu versäumen:

Sonntagskleider haben sie angezogen,
die Schuhe poliert,
das Haar gekämmt.
Sie werden alt,
und noch ist das Schiff nicht in Sicht.

ALS ICH MICH ENTSCHLOSS . . .

Als ich mich entschloß, klar zu bleiben
und dem Unglück direkt entgegen zu gehn,
um das Spiel mit den Würfeln zu wagen,
fand ich die Frau, die mit mir geht
durch dick und dünn und dunkel,
durch Wolke und Stille.

Matilde ist es,
so heißt sie
seit Chillán,
und ob es regnet
oder donnert oder der Tag
mit blauem Haar hervorkommt
oder die schlanke Nacht,
sie ist,
was immer geschehe,
da für meine Haut,
für meinen Raum,
öffnet alle Meeresfenster,
daß fliegen kann das geschriebene Wort,
daß die Möbel sich bedecken
mit lautlosen Zeichen,
mit grünem Feuer.

VIER HUNDE MELDE ICH . . .

Vier Hunde melde ich an:
Einer liegt schon begraben im Garten.
Zwei andere springen mich an,
Winzlinge, verwildert,
Vandalen,
breite Pfoten, Zähne scharf
wie Felsensplitter.
Dann eine zottige Hündin,
distanziert,
blond in ihren Manieren.
Unhörbar ihr goldweicher Gang,
unspürbar ihre distanzierte Nähe.
Sie bellt nur spät in der Nacht,
bestimmter Gespenster wegen,
auf daß nur wenige Auserwählte, die gegangen,
sie auf den Straßen hören
oder an anderen finsteren Orten.

ES KAMEN EIN PAAR ARGENTINIER . . .

Es kamen ein paar Argentinier,
sie waren aus Jujuy und Mendoza,
ein Ingenieur und ein Arzt,
drei Töchter wie drei Trauben.
Ich hatte nichts zu sagen.
Auch meine Unbekannten nicht.
Da sagten wir uns nichts,
atmeten nur zusammen
die rauhe Luft des südlichen Pazifiks,
die grüne Luft
der flüssigen Pampa.
Mag sein, sie brachten sie heim in ihre Städte,

wie jemand einen Hund mitbringt aus einem anderen Land,
oder seltsame Flügel,
einen zuckenden Vogel.

ICH HIESS REYES . . .

Ich hieß Reyes, Catrileo,
Arellano, Müller, entfallen
sind mir meine eigentlichen Namen.
Bei meiner Geburt ward ich benannt
nach alten Eichen, jungen Bäumen,
nach Holz, das pfeift.
Gebettet ward ich
in welkes Laub:
Der Säugling versank
in Untergang und Entstehung
von Urwäldern, die hinsanken,
Armeleutehütten, die gerade weinten.
Nicht geboren wurde ich, sondern gegründet,
bekam alle Vornamen auf einmal,
alle Familiennamen:
Ich hieß Dickicht, dann Pflaumenbaum,
Lärche auch und dann Weizen.
Darum bin ich so viel und so wenig,
Menge so sehr und so schutzlos,
denn ich komme von unten,
aus dem Erdreich.

SALUD, SAGEN WIR ALLE TAGE . . .

Salud, sagen wir alle Tage
zu allem und jedem,
die Visitenkarte ist es
der falschen Güte
wie auch der echten.
Das Klingelzeichen, an dem wir uns erkennen:
Hoppla, da sind wir, Salud!
Hört sich gut an, es gibt uns.
Salud, Salud, Salud
wünschen wir dem Nächstbesten, egal wem,
dem Messer, dem Gifttrank,
dem Missetäter.
Salud, erkennt mich,
wir sind uns gleich und können uns nicht leiden,
lieben uns und sind ganz ungleich,
jeder ißt mit seinem Löffel,
jeder hat seine spezielle Klage,
freut sich, daß er ist oder nicht ist:
Man braucht eben so viele Hände,
zum Lächeln so viele Lippen,
Salud!
Uns bleibt keine Zeit mehr.
Salud,
wir haben keine Ahnung.
Salud,
wir befassen uns mit uns selber,
falls von uns überhaupt noch etwas da ist,
ja, von uns.
Salud!

SO VIELE STUNDEN RIESELN . . .

So viele Stunden rieseln heute
in den Brunnen, ins Netz, in die Zeiten,
träge, und gönnen sich doch keine Pause,
rieseln noch immer, sich verdichtend,
zuerst wie Fische, dann
wie wenn jemand Steine wirft oder Flaschen.
Drunten vertragen sich
die Stunden mit den Tagen,
mit den Monaten,
blassen Erinnerungsbildern,
unbewohnten Nächten,
Kleidern, Frauen, Zügen und Provinzen,
staut sich die Zeit
und zerfällt
jede Stunde zu Stille,
zerbröckelt und rieselt
in das Bittere aller Relikte,
ins schwarze Wasser
der umgestülpten Nacht.

DEN MEXIKANER TIHUATÍN . . .

Den Mexikaner Tihuatín kannte ich
vor etlichen Jahrhunderten schon, in Jalapa,
und als ich ihn jedesmal wiedertraf,
in Kolumbien, in Iquique, in Arequipa,
kam mir seine Existenz langsam verdächtig vor.
Komischer Hut,
fand ich, als der Mann,
von Beruf Töpfer,
sich von mexikanischer Tonerde nährte
und hernach Baumeister war, Hauswart

in einem Klempnerladen in Venezuela,
Bergmann und Feldhüter in Guatemala.
Wie kommt es, dachte ich, daß bei gleichem Alter,
knapp dreihundert Jahre,
ich immer denselben Beruf habe, mich vertiefe
in mein Glockenspiel,
immer Steine oder Metalle anschlage,
auf daß jemand mein Läuten höre
und meine Stimme kenne, meine einzige Stimme,
indes dieser Mann, der doch tot ist seit Jahren,
von nichtvorhandenen Strömen getrieben,
immerfort das Handwerk wechselt?

Da begriff ich, daß er ich war,
wir waren auch nur einer, der's überlebt hat,
einer unter vielen, aus der oder jener Gegend,
mit ebenso verschütteter Ahnenreihe,
daß an unseren Händen Sand klebte,
daß wir ständig überall zur Welt kommen,
bereit zu nicht enden wollender Mühsal.

HE, IHR DA, RIEF ICH MEINEN STAMM . . .

He, ihr da, rief ich meinen Stamm und sprach, laßt sehen,
wer sind wir eigentlich, was tun wir, wie denken wir?
Der Bleichste unter ihnen, unter uns,
reagierte mit anderen Augen,
einer anderen Unvernunft, mit seiner Fahne.
Es war das Banner meines Feindes.
Der Mann hatte vielleicht ein Recht,
meine Wahrheit totzuschlagen, so erging es
mir und meinem Vater, so geht es nun einmal.
Doch tat es weh, als schlüge man in mich die Zähne.

TAG FÜR TAG MATILDE

Heute zu dir: Lang gewachsen bist du
wie der Leib von Chile, und zart
wie eine Blüte des Anisbaums,
und an jedem Zweig wahrst du ein Zeugnis
unserer unauslöschlichen Frühlinge:
Welcher Tag ist heute? Dein Tag.
Und morgen ist gestern, kein Tag aus deinen Händen
hat einen andern abgelöst, keiner ist vergangen:
Du bewahrst die Sonne, die Erde, die Veilchen
in deinem kleinen Schatten, wenn du schläfst.
Und so schenkst du mir
jeden Morgen das Leben.

LASST EUCH ERZÄHLEN . . .

Laßt euch erzählen, ich hab in der Stadt
in einer Straße gewohnt, die hieß nach einem Hauptmann;
da waren in der Straße eine Menge Menschen,
auch Schuhgeschäfte, Spirituosenläden,
Schaufenster, die von Rubinen strotzten.
Man konnte weder gehen noch stehen,
so viele Menschen waren da,
die aßen oder spuckten oder atmeten,
Anzüge kauften und verkauften.
Das alles glitzerte vor meinen Augen,
das alles leuchtete
und alles dröhnte,
daß blind und taub man werden konnte.
Seit einiger Zeit, was diese Straße angeht,
seit einiger Zeit dringt nichts mehr an mein Ohr,
ich änderte mein Leben, heute wohn ich zwischen

den Klippen und der Ruhelosigkeit des Wassers.
Und jene Straße ist derweil schon manchen Tod,
eines natürlichen vielleicht, gestorben.

VON EINER REISE KEHRE ICH ZURÜCK . . .

Von einer Reise kehre ich zurück zum selben Punkt,
warum?
Warum kehre ich nicht dorthin zurück, wo ich früher lebte,
zu Straßen, Ländern, Kontinenten, Inseln,
wo meine Heimstatt und Habe war?
Warum soll dieser Ort die Grenze sein,
die mich erwählte? Was hat diese Gegend zu bieten
als den Peitschenhieb senkrecht sausender Luft,
mir ins Gesicht, und ein paar schwarze Blumen,
die der lange Winter zernagt und zerfetzt?
Ach, daß sie auf mich deuten: Das ist
der träge Kerl, der eingerostete Herr,
er rührte sich nicht vom Fleck,
von diesem rauhen Ruhesitz:
Er ist allmählich erstarrt,
so daß selbst die Augen sich ihm verhärteten
und Efeu ihm den Blick überwuchs.

MAN KEHRT ZURÜCK ZUM ICH . . .

Man kehrt zurück zum Ich wie zu einem alten,
notdürftig wieder zusammengenagelten Haus; so ist es:
Müde seiner selbst, wie man genug hat
von einem total durchlöcherten Anzug,
will man nackt herumlaufen, weil es regnet;
in reinem Wasser möchte der Mensch sich naß werden lassen,

in ursprünglichem Wind, und gelangt doch
wieder nur ins Brunnenloch seiner selbst,
in die eng beschränkte Besorgnis,
ob er gelebt hat, etwas ausdrücken konnte
oder bezahlen oder schulden oder entdecken,
als ob ich so wichtig wäre,
daß die Erde mich willkommen oder nicht willkommen
heißen müßte mit ihrem pflanzlichen Namen,
in ihrem Theater mit schwarzen Wänden.

FRÜHER EINMAL ...

Früher einmal, auf einer Reise,
entdeckte ich einen Fluß:
Kaum ein Kind war's, kaum ein Hund, ein Vogel
war dieser entspringende Fluß.
Er murmelte und stöhnte
zwischen den Steinen
der eisenhaltigen Kordillere:
Er flehte ums Dasein
in der Einsamkeit zwischen Himmel und Schnee,
dort in der Ferne, droben.
Ich fühlte mich müde
wie ein altes Pferd
neben dem Neugeborenen der Natur,
das zu laufen begann,
zu springen und wachsen,
zu singen mit klarer Stimme,
die Erde zu erkennen,
die Steine, den Lauf der Zeit,
zu wandern bei Nacht und bei Tag,
sich wandelnd zum Donner,
bis es endlich zum Taumel,
bis es zur Ruhe wird,

zur weiten, wasserspendenden,
zur patriarchalischen, schiffetragenden Ruhe,
dieser kleine Fluß,
klein und schußlig wie ein Fisch aus Metall,
der im Vorbeiziehn Schuppen läßt,
Tropfen von Silber verspritzt,
ein Fluß,
der weinte, als er zur Welt kam,
der quellend wuchs
vor meinen Augen.
Dort in den Kordilleren meines Vaterlands,
irgendwann mal, früher,
sah, berührte und hörte ich,
was zur Welt kam:
Ein Pulsen, ein Plätschern zwischen den Steinen
war's, was zur Welt kam.

PEDRO IST DAS WANN ...

Pedro ist das Wann und das Wie,
Clara ist vielleicht das Sicher,
Roberto das Dennoch:
Alle gehn sie umher mit Präpositionen,
mit Adverbien, mit Substantiven,
die sich seit je in den Läden,
den Vereinen, auf den Straßen finden,
und schwer wird mir jeder Mensch mit seiner Schwere,
seinem Wort, das Verbindungen herstellt
wie ein altersschlapper Hut:
Wohin gehn sie, frag ich mich.
Wohin gehen wir
mit unserer vorsorglich
angeschafften Ware?

Wozu umschlingen wir uns mit netten kleinen Wörtern,
wozu kleiden wir uns in Netze?

Durch uns fällt wie Regen
die Wahrheit, die erhoffte Lösung:
Auf und ab laufen die Straßen,
übervoll von Details:
Schon können wir sie aufhängen wie Teppiche,
in den Salon, auf den Balkon, an die Wände,
die unterwegs fallengelassenen
Reden,
ohne daß jemandem etwas bleibt,
Gold oder Zucker, wirkliche Wesen,
Glück,
von alldem spricht man nicht,
man faßt es nicht an,
es gibt, so scheint es, nichts Klares,
nicht Stein, hartes Holz,
der Materie Grund oder Erhebung,
der glücklichen Materie,
nichts, nur zwecklose Wesen,
ziellose Worte,
die nicht übers Du und Ich,
die übers Büro nicht hinausgehn:
Wir sind eben zu beschäftigt:
Wir bekommen Anrufe,
dringende,
man teilt uns mit, es ist verboten,
glücklich zu sein.

EIN KLEINES TIER . . .

Ein kleines Tier,
Schwein, Vogel oder Hund,
hilflos,
zottig im Federkleid oder Fell,
hörte ich die ganze Nacht,
fiebernd, stöhnend.

Es war eine ausgedehnte Nacht,
auf Isla Negra, und das Meer
schmetterte all sein Donnergetöse, seine Eisenhandlung,
seine Tonnen von Salz, seine geborstenen Gläser
gegen den reglosen Fels.

Das Schweigen klaffte drohend
nach jedem Schlag oder Katarakt.

Mein Schlaf heftete sich wieder zusammen,
als würde die unterbrochene Nacht geflickt,
und dann das kleine haarige Wesen,
ein kleiner Bär oder ein krankes Kind,
es litt an Atemnot oder an Fieber,
ein kleiner Herd von Schmerz, ein Stöhnen
gegen die endlose Nacht des Ozeans,
gegen den schwarzen Turm der Stille,
ein wundes Tier,
winzig,
ein Murmeln kaum
unter der Leere der Nacht,
allein.

VIEL ZU ERZÄHLEN GIBT ES NICHT . . .

Viel zu erzählen gibt es nicht
bis morgen;
geh ich hinunter
zum Guten-Morgen-Sagen,
brauche ich
dieses Brot:
Geschichten
und Gedichte.
Ehe der Morgen graut, sobald der Vorhang
aufgezogen ist vor der frostigen Sonne:
die Leistung eines turbulenten Tages.

Hier steh ich, müßte ich sagen,
dies ist mir passiert, jenes geschieht noch,
indes im Ozean sich die Algen
wiegen, eingestimmt
auf die Welle,
und jedes Ding begründet ist,
auf jedem Grund Bewegung,
wie wenn ein Seevogel auffliegt
vom Fels, vom Wasser oder Treibtang.

Mit meinen Händen müßte ich
winken: Kommt alle her.

Hier liegen meine Güter, meine Schulden,
hört, wie ich's abzähle, erzähle, wie es klingt.

Also bring ich an jedem Morgen meines Lebens
einen neuen Traum mit aus dem Traum.

ES REGNET . . .

Es regnet,
auf den Sand, aufs Dach
die Melodie
des Regens.
Im trägen *Regen* fallen
zwei lange *E* auf die Seiten
meiner immerwährenden Liebe,
Salz eines jeden Tages.
Kriech zurück, Regen, in dein Loch,
geh mit deinen Nadeln zurück ins Vergangne:
Heut verlangt es mich nach unbeschriebenem Raum,
nach Papierzeit für einen Zweig
vom grünen Rosenstock mit den goldenen Rosen,
ein Stück vom grenzenlosen Frühling,
den ich erwartet heute bei weit offenem Himmel.
Auch das Papier hat gewartet,
als der Regen aufs neue
trübselig klopfte
ans Fenster,
alsdann tanzte mit entfesselter Wut
auf meinem Herzen und auf dem Dach,
seinen Platz
einfordernd,
um ein Glas mich bittend,
um es noch einmal vollzugießen mit Nadeln,
mit glasklarer Zeit,
mit Tränen.

MITTEN IM JUNI …

Mitten im Juni
widerfuhr mir eine Frau,
nein, eine Orange.
Wetterlage – eher verworren.
Da klingelte es an der Tür.
Ein Luftzug pfiff herein,
ein Peitschenhieb aus Licht,
eine ultraviolette Schildkröte,
ich sah sie
wie in Zeitlupe,
als wäre sie weit fort oder bewohne
dies Sternengewand
und wäre nur durch einen Astronomenfehler
in meinem Haus gelandet.

DIESE GEBORSTENE GLOCKE …

Diese geborstene Glocke
will dennoch singen:
Das Metall ist nun grün,
Waldfarbe hat die Glocke,
Farbe des Wassers von Weihern im Wald,
Farbe des Tages auf den Blättern.

Die geborstene grüne Bronze,
die Glocke, die auf den Mund
und in Schlummer gefallen,
wurde von Winden umwunden,
und ihre hartgoldene Bronzefarbe
ist zur Froschfarbe geworden:
Die Hände des Wassers waren es,
die Feuchtigkeit der Küste,

sie haben dem Metall das Grün,
der Glocke die Zartheit verliehen.

Diese geborstene Glocke,
hergeschleift ins rauhe Gestrüpp
meiner Gartenwildnis,
eine grüne, verwundete Glocke,
birgt ihre Narben im Gras:
Niemanden ruft sie mehr, niemand versammelt sich
um ihren grünen Pokal,
nur ein Falter findet sich ein, flügelschlagend
auf dem gestürzten Metall, und fliegt davon,
fliehend mit gelben Flügeln.

WISSEN WILL ICH ...

Wissen will ich, ob Sie mit mir so weit kommen,
daß wir nicht miteinander gehn, nicht miteinander reden;
wissen will ich, ob wir's erreichen,
nicht mehr mitteilsam zu sein: daß wir nur noch
hinausgehn mit irgendwem, um die reine Luft zu schauen,
das gestreifte Licht des täglichen Meeres
oder ein Ding auf dem Land,
ohne etwas austauschen zu müssen,
ohne Waren ins Spiel zu bringen,
wie es die ersten Siedler taten,
die Plunder boten für Stille.
Ich zahle dir hier dein Schweigen.
Einverstanden: Ich geb dir das meine,
unter einer Bedingung: daß wir uns nicht verstehen.

H. V.

So erging es mir mit Herrn Soundso.
Er war mir anempfohlen, kaum bekannt,
fuhr auf dem Schiff, demselben Schiff,
auf dem ich reiste, der Gesichter müde.
Nicht sehen wollt ich ihn – ich mußte, verging
aus Pflichtgefühl mich wieder mal an meinem Leben,
zwang mich zu Freundlichkeit statt Kälte
um seiner hurtigen Gattin willen, die
groß war und schön und Früchte besaß und Augen.
Heute erkenn ich, daß ich mich geirrt,
an seinem Reisebericht – traurig, traurig.

Großmütig war ich, ein Provinzler.

Er blieb ein Kümmerling, trotz
meiner Freundeshand auf jenem Schiff,
sein Selbstmißtrauen wuchs noch.
Als könne jemand Menschen
überreden, die nie an sich geglaubt,
sich doch nicht aufzureiben
im Schattenboxen. Sie sind so von Geburt an.

KEIN PATHOLOGISCHER FALL . . .

Kein pathologischer Fall, kein Mangel
an Seelengröße, nein,
nichts kann das Beste in uns, die Güte
abtöten, an der wir leiden, ja doch:
Schön ist des Menschen Erblühen, sein Gebaren,
und jede Tür ist schöne Wahrheit
und nicht Tücke, die flüstert.

Immer fand ich, daß besser ich bin,
besser als ich, besser als ich gewesen,
sei eine verschwiegene Ehre:
Einfangen durft ich die verwehte
Blüte der Schwermut, die ich geerbt,
aufs neue zustreben dem Licht, das in mir
sang, dem Licht, das unanfechtbar.

JA, GENOSSE ...

Ja, Genosse, Zeit ist es für den Garten
und Zeit für die Schlacht, jeder Tag
ist eine Abfolge von Blüte und Blut:
Gefesselt hat das Zeitalter uns ausgeliefert,
damit wir Jasmin besprengen
oder in einer dunklen Straße verbluten:
Die Tugend oder der Schmerz wurden ausgeteilt
in kühlen Zonen, in beißenden Gluten,
und es bestand keine andere Wahl:
Die Wege des Himmels,
früher so viel begangen von den Heiligen,
sind nun bevölkert von Spezialisten.

Schon sind die Pferde verschwunden.

Die Helden bewegen sich in Froschanzügen,
die Spiegel leben entleert,
denn das Fest ist immer anderswo,
dort, wo wir nicht mehr eingeladen sind,
und an den Türen gibt's Schlägerei.

Darum ist dies der vorletzte Aufruf,
der zehnte ernsthafte
Stundenschlag meiner Glocke:

zum Garten, Genosse, zur Lilie,
zum Apfelbaum, zur kompromißlosen Nelke,
zum Duft der Orangenblüten,
und dann zu den Pflichten des Krieges.

Schlank ist unser Vaterland,
und auf seiner blanken Messerklinge
flammt unsere liebliche Fahne.

SEIT ES HELL IST . . .

Seit es hell ist, von wieviel Heutigem
hat dieser Tag sich schon genährt?
Tödliche Lichter, Gangarten golden,
Leuchtkäfer fliehend die Mitte,
Mondtropfen, Eiterpusteln, Axiome,
alle Materialien übereinandergelagert
des Strömenden, Schmerzen, Existenzen,
Verpflichtungen, Rechte:
Unverändert bleibt nichts, wenn der Tag
sein Licht aufbraucht, wächst
und hernach schwächt seine Macht.

Stunde um Stunde, aus Löffeln,
tropft die Säure vom Himmel.
So ist halt am Tag das Heutige,
ist der heutige Tag.

ES HAT DER HAFEN, HAFEN …

Es hat der Hafen, Hafen in Valparaíso,
an Land knapp bekleidet,
mir erzählt, er sei seeuntüchtig,
halte nur stand dem Ansturm,
Wind, Erdbeben,
Wellengang,
alle Gewalten schlügen
ein auf seine eingeschlagene Nase.

Valparaíso, ein hungriger Hund,
kläfft es an den Hängen,
mit Füßen getreten
vom Land, vom Meer
geprügelt mit Fäusten.
Hafen, Hafen, der nicht hinauskann
zur weithin offenliegenden Bestimmung;
einsam
wie eine Bahn im Winter
heult er
die Einsamkeit,
das gnadenlose Meer an.

ALLE HABEN GEFRAGT …

Alle haben gefragt: Wann reist du,
wann fährst du ab? Es scheint so,
als hätte ich im stillen
einen furchtbaren Vertrag geschlossen:
irgendwohin zu gehn, egal wie,
obgleich ich nirgendhin will.

Nein, meine Herren, ich fahre nicht,
ich bin aus Iquique,
aus Parrals schwarzen Weinbergen,
aus Temucos Wassern,
bin aus dem schmalen Land,
ich bin es und bleib es.

GEMACH

Der fixe Rodríguez
paßt mir nicht,
die Dame Fuchsia Helle
ist nicht meine Liebste:
Will ich meinen gelben Gang gehn,
muß ich wohnen in
den zähen Dingen –
Lehm, Holz, Quarz,
Metallen,
Backsteinbauten –,
muß die Augen schließen können,
wo Licht ist,
sie aufschlagen im Dunkeln
und abwarten.

EREIGNIS

Man schlug an meine Tür am 6. August:
Niemand war da,
und niemand kam herein, setzte sich auf einen Stuhl
und verweilte bei mir, niemand.

Nie werde ich diese Abwesenheit vergessen,
die hereinkam, als wäre sie hier zu Hause,
und mich mit Nichtsein beglückte:
mit einer Leere, offen für alles.

Niemand befragte mich, ohne ein Wort,
und ich gab Antwort, ohne zu sehen, ohne zu reden.

Was für ein wundersames, weiträumiges Interview!

ZWEIG

Einen Zweig der Duftakazie, der Mimose,
wohlriechende Sonne des starren Winters,
kaufte ich mir auf dem Jahrmarkt in Valparaíso
und reiste weiter mit Akazie, Duft und Grazie
bis nach Isla Negra.

Wir durchquerten den Nebel,
kahle Felder, hartes Dornendickicht,
kaltes Hochland von Chile:
(unterm maulbeerfarbenen Himmel
die erstorbene Straße).

Bitter wäre die Welt
auf der winterlichen Reise, in der Endlosigkeit,
in der unbewohnten Dämmerung,
begleitete mich nicht jedesmal,
jederzeit,
die gewichtige Schlichtheit
eines gelben Zweigs.

Ich lebte in einer Gasse, wo alle
Katzen, alle Hunde von Santiago de Chile
ihr Wasser ließen.
Das war 1925.
Ich schloß mich ein mit der Poesie,
versetzt in den Garten von Albert Samain,
in die Nähe des prunkliebenden Henri de Regnier,
des blauen Fächers von Mallarmé.

Nichts ist besser gegen den Urin
Tausender von Vorstadthunden
als ein Kristall
voll Klarheit, Wesenswahrheit, Himmel und Licht:
das Fenster nach Frankreich, Blick in kühle Parks,
wo die makellosen Statuen
– es war 1925 –
marmorne Hemden untereinander tauschten,
mit der fingerschmeichelnden Patina
vieler Jahrhunderte voller Eleganz.

In jener Gasse war ich glücklich.

Später, Jahre danach,
kam ich als Botschafter in diese Gärten.

Die Dichter waren verschwunden.

Und die Statuen kannten mich nicht.

HIER

Ich kam nach hier, die Glocken zu zählen,
die leben im Meer,
die läuten im Meer,
drinnen im Meer.

Drum lebe ich hier.

SINKT JEDER TAG . . .

Sinkt jeder Tag
hinab in jeder Nacht,
so gibt's einen Brunnen,
der drunten die Helligkeit hält.

Man muß an dem Rand
des Brunnendunkels hocken,
entsunkenes Licht zu angeln
mit Geduld.

JEDER

Vielleicht bin ich ja gar nicht ich, vielleicht
vermochte ich's nicht, war nicht, hab nichts gesehen, bin nicht.
Was ist das nur? In welchem Juni, welchem Holz bin ich bisher
herangewachsen und fortgeboren?

Bin ich denn nicht gewachsen, gewachsen, nur gestorben?

Ich hab an Haustüren
gerauscht wie Meer,

wie Glocken gedröhnt:
Ich hab nach mir gefragt voller Entzücken,
(später mit Qualen dann),
mit Schellen, mit Wasser,
Sanftmut:
kam stets zu spät.
In weiter Ferne lag schon mein Früher,
schon korrespondierte ich nicht mehr mit mir,
war schon zu oft gegangen.

Also ging ich ins nächste Haus,
zur nächsten Frau,
in jede Ecke,
fragte nach mir, nach dir, nach jedem,
und wo ich nicht mehr war, war keiner,
alles entleert,
einfach weil es nicht heute war,
es war schon morgen.

Warum soll ich umsonst
abklappern jede Tür, dahinter wir ja doch nie stehen,
weil wir noch nicht am Ziel sind?

So wußte ich denn Bescheid,
ich bin genau wie du
und so wie jedermann.

FAULHEIT

Am Sonntag arbeitete ich nicht,
obwohl ich nie Gott gewesen bin.
Auch nicht vom Montag bis zum Samstag,
denn ich bin ein faules Geschöpf;
ich begnügte mich damit, auf die Straße zu gucken,

wo Steinklopfer und Justizpersonen
weinend an der Arbeit waren, Männer
mit eisernen Werkzeugen oder mit Ministerien.

Ich schloß all meine Augen zugleich,
um meine Pflichten nicht zu erfüllen:
Das ist's, darauf kommt's an,
flüsterte ich mir selber zu,
mit all meinen Kehlen,
und mit all meinen Händen
streichelte ich träumend
die weiblichen Beine, die im Flug vorübergingen.

Dann trank ich chilenischen Rotwein
zwanzig Tage und zehn Nächte hindurch.
Ich trank diesen amarantfarbenen Wein,
der uns befeuert und dir die Kehle
hinabschlüpft wie ein flinker Flußfisch.

Hinzufügen muß ich diesem Geständnis,
daß ich danach schlief und schlief und schlief,
ohne meinen üblen Lebenswandel zu verleugnen,
und ohne jeden Gewissensbiß:
Ich schlief so gut, als regnete es
unaufhörlich
auf alle Inseln
dieser Welt,
bis Himmelswasser durch tausend Löcher
in den Tresor der Träume tropfte.

NAMEN

Ach, Eduvigis, Hedwig, wie schön du
heißt, Frau du mit blauem Herzen,
dein Königinnenname
sank mit der Zeit in die Küchen ab
und stieg nie wieder auf in die Schlösser.

Eduvigis,
Silben, zusammengeflochten
wie Knoblauchbündel,
die an Balken baumeln.

Sieht man deinen Namen des Nachts,
Vorsicht! er funkelt
wie eine Tiara in der Asche,
wie ein grün glühendes Scheit,
hinter der Zeit verborgen.

ABWARTEN

Tage gibt es von anderer Art, sind noch nicht da,
werden erst noch erschaffen,
wie Brot, wie Stühle, wie die Erzeugnisse
von Werkstätten und Apotheken:
Aufzuchtbetriebe kommender Tage gibt's,
kunstvolle Seelenschmiede,
die päppeln und wiegen und trimmen
Tage, bitter oder köstlich, die
stehen dann unverhofft vor unserer Tür,
uns zu belohnen mit einer Orange
oder uns totzuschlagen an Ort und Stelle.

DIE STERNE

Dort, dorther! Der Glöckner wies mit dem Finger,
und in der Richtung sah die Menge
das Altgewohnte, das Nachtblau Chiles,
ein Pulsieren bleicher Sterne.

Mehr Menschen kamen, die hatten noch nie
erblickt bislang, was den Himmel hält
tagtäglich und nachtnächtlich,
und noch mehr, noch mehr kamen, staunten noch mehr
und fragten alle, wo denn, wo?

Ernst und geduldig wies der Glöckner
hinauf zur Sternennacht mit dem Finger,
der gleichen Nacht wie jede Nacht.

GROSSSTADT

Vorstädte, schwarze Schneidezähne,
Wände ausgehungert, das Maul
gestopft mit Fetzen Papiers,
Müll breitgetreten,
ein toter Mann
umschwirrt von Winterfliegen
im Unrat:
Santiago,
Haupt meines Landes,
gelehnt an die großen Kordilleren,
die Schiffe aus Schnee,
trauriges Erbstück
von hundert Jahren geschnürter Damen,
vornehmer Herren mit weißem Kinnbart,

federnden Gehstöcken, Silberhüten
und Handschuhen über Adlerklauen.

Santiago, uns hinterlassen
schmutzig, blutig, bespuckt,
traurig und hingemordet,
haben wir's geerbt
von Herrschaften und deren Herrschaft.

Wie sollen wir reinwaschen, Stadt,
dein Antlitz, du unser Herz,
mißratene Tochter,
wie machen, daß
deine Haut nachwächst, dein Frühling,
dein Duft,
wie dich beleben, bei dir leben,
deine Glut entfachen,
die Augen schließen, vertreiben die Totenstarre,
bis du aufstehst und grünst,
bis neue Hände du hast und neue Augen,
menschliche Häuser, Blumen im Licht!

ES KLOPFT AN EINEM STEINTOR . . .

Es klopft an einem Steintor,
am Meeresrand, am Strand,
mit vielen Wasserhänden.
Der Fels gibt keine Antwort.

Keiner macht auf. Klopfen verschwendet
nur Wasser, Zeit.
Und dennoch klopft es,
trommelt, hämmert,
den Tag hindurch, das Jahr,
hundert, vielhundert Jahre lang.

Endlich ein Vorfall.
Der Stein ist anders.

Sanft rundet sich's wie eine Büste,
durch eine Rinne flutet Wasser ein,
der Fels ist anders und doch derselbe.
Wo schroff das Riff war, schwappt
die Welle sanft aufwärts durch das
Erdentor.

VERZEIHT, WENN DURCH MEINE AUGEN ...

Verzeiht, wenn durch meine Augen
nicht mehr Helligkeit drang als der Meeresgischt,
verzeiht, denn mein Raum
dehnt sich ungeschützt aus
und nimmt kein Ende:
Eintönig ist mein Lied,
mein Wort ist ein düsterer Vogel,
Fauna von Fels und Meer, die Trostlosigkeit
eines winterlichen, unverderblichen Planeten.
Verzeiht die endlose Folge von Wasser,
Klippe und Gischt, das launische Hin und Her
von Ebbe und Flut: So ist meine Einsamkeit:
Jähen Schwalls schmettert Salz gegen die Mauern
meines geheimen Seins, so daß ich
selbst ein Teil
des Winters bin,
der Weite, die sich wiederholt
von Glocken- zu Glockenklang im Wogengang,
Teil eines Schweigens, mähnenschwer,
ein Algenschweigen, versunkenes Lied.

BLUTIG WAR ...

Blutig war alles Menschenland.
Zeit, Bauwerke und Routen, Regen
ebnen die Konstellationen ein des Mords,
schon tausendmal hat immerhin
ein Planet, so klein, im Blut gewatet;
ob Krieg, ob Rache, Hinterhalt, Feldschlacht,
es fielen Menschen, wurden verschlungen,
danach wischte Vergeßlichkeit allmählich
jeden Quadratmeter wieder sauber: Erst kamen
Denkmäler, unbestimmt, verlogen,
Sinnsprüche auch, in Bronze gegossen,
dann Unterhaltungen, Geburten,
Gemeinderäte, und zuletzt Vergessen.
Wie kunstvoll rotten wir doch aus
und wie gekonnt amputieren wir Erinnerungen!
Schon stehn, wo Blut war, wieder Blumen.
Macht euch fit, Jungs, trainiert
zum neuen Töten, neuen Sterben,
bald streut man wieder Blumen aufs Blut.

ES SCHLUG DIE DROSSEL ...

Es schlug die Drossel, der klare Vogel,
über den Äckern Chiles:
Er rief, er rühmte,
schrieb in den Wind.
Früh war's
und Winter an der hiesigen Küste.
Rot hing ein Wolkenfetzen
wie ein dünnes Fahnentuch am Himmel,
schwebend überm Meer.
Dann flutete in den Himmel das Blau,

bis alles voller blauer Farbe war,
denn das ist jedes Tages Amt,
ist jedes Tages blaues Brot.

DAS MEER IST DA? . . .

Das Meer ist da? Schön, laßt es herein.
Gebt mir
die große Glocke, die von grüner Art,
nicht die dort, nein, die mit dem Riß
im bronzenen Mund,
und nun Schluß, ich will allein sein
mit dem erstgeborenen Meer und der Glocke.
Nichts will ich reden für lange Zeit,
Ruhe, ich will noch lernen,
will wissen, ob ich bin.

ENDE

Matilde, Jahre oder Tage
im Schlaf, im Fieber,
hier oder dort,
durchbohrend,
zerbrechend die Wirbelsäule,
blutend wirkliches Blut,
erwachend vielleicht
oder verloren, eingeschlafen:
Klinikbetten, fremdländische Fenster,
weiße Kleider der Schweigsamen,
die Unbeholfenheit in den Füßen.

Dann diese Reisen
und aufs neue mein Meer:
dein Kopf auf dem Kopfkissen,

deine fliegenden Hände
im Licht, in meinem Licht,
über meinem Land.

Es war so schön zu leben,
da du lebtest!

Die Welt ist blauer und irdischer
bei Nacht, wenn ich schlafe,
riesig, in deinen kleinen Händen.

Ausgewählte Mängel
(1974)

REPERTOIRE

Menschen sind hier, die haben Vornamen und Füße,
haben Adressen und Familiennamen:
Ich ziehe mit im Gänsemarsch
am Strang.
Manche, die sind schon abgerutscht
in den
Brunnen, den sie
gegraben, um darein zu stürzen:
Da sind die Guten und dabei Bösen,
die Schlächter und der Stein, auf dem sie
vom Rumpf getrennt den Schädel jedem,
der herantrat an den Abgrund.

Von allem liegt etwas im Korb, auch wenn's nur
Klingklang ist, Essensgeräusche,
Schüsse, Klappern von Löffeln, Schnäuzer,
ich weiß nicht einmal, was geschah, was los war
mit mir und mit den andern,
nur eins steht fest, gesehen
hab ich sie, berührt, und da das Leben hinrollt
und nie stillstehn seine Räder,
hab ich auch sie gelebt, so wie sie mich,
die Freunde, Feinde, Wände,
die ungehörig frommen Dulder,
die edlen Herren mit den tristen Hüten,
die vom Wind vertilgten Dörfler
und alles übrige: Korn im Kornspeicher,
die eignen Sünden, nackt wie üblich,
die gehen jeden Tag ins Bad und treten
noch besudelter danach ans Licht.

Ach, rette sich, wer immer kann!

Ich dokumentiere ja nur meine Mängel,
die eines einzigen Tags, sammle,
und nicht aus Grausamkeit, sondern aus langer Geduld:
Niemand trauert mehr, die schönen Tränen
sind überholt wie keusche Lilien,
ja, selbst die Reue ist entschlafen.

Drum zeig ich meine Krone, schnöder
Richter ich, der niemandem gerecht wird,
den Dieben nicht, nicht seiner würdigen Gattin,
ihr wißt Bescheid:
Ich, der nur plappert, red zu wenig,
hab viel gesehen und muß noch mehr sehen
und werd davon allmählich blind.

ANTOINE COURAGE

Kaum auf der Welt, begann der Mann
auch schon zu graben unter seinem Dasein
und baute aus dem, was er gefördert,
seinen Unglücksturm.
Für mich war sonderbar an diesem Mann,
der sonst so klar, so überschaubar war,
daß er sich stellte ans Fenster,
auf daß ihn Frauen und Männer sähen,
ihn sähen hinter Glas, wie er mal reich,
mal arm war, in die Hände klatschten,
wenn er nackt dastand mit gleich zwei Frauen,
mal Streiter für die Sache, mal von Sinnen,
mal trübe, mal kristallklar,
im Elend oder im Jaguar, mit Drogen
vollgestopft oder die Wahrheit lehrend
oder jäh abgestürzt in seinen wehen Frohsinn.

Ist diese Flamme erloschen, stechen
im Glanze unsres Lebens wir leicht
auf den Gestorbenen ein, stochern in Knochen,
lassen in Trümmer sinken seines Stolzes Turm,
hauen in seiner Widersprüche Kerbe,
essen vom selben bittren Brot wie er,
messen den, der vom hohen Roß gestürzt ist,
am eigenen strenggeheimen Hochmut:
Ach, nein, nicht das! Was ich erfahren möchte,
ist, wer war damals der Echte?
Der sich verzehrte und entflammte
oder der da posaunte: Seht mich, seht mich?
War's, der Verachtung abgesondert und gehofft,
daß die Verachteten ihn lieben,
wie so viele tobende Bettler?

Hier bricht ab die Geschichte, zu Ende
hab nicht ich sie geschrieben, sondern der Tod,
doch sind wir sichtlich alle Richter
und wünschen uns verbissen nichts so sehr,
wie mitzusprechen fremdes Unrecht.

DER ANDERE

Gestern hat mein Kamerad,
nervös, gefeiert, ungebrochen,
erneut herausgefordert meinen alten Neid, die Schwere
meiner unübertragbaren Substanz mir aufgebürdet.

Ich überfiel dich in mir, und in dir
überfällt mich diese messerscharfe Kälte,
da ich eintauschen würde dich gegen die andern,
da ausblutet dein Ungenügen
in dir wie eine offene Ader

und du dich abermals willst bauen
aus dem, was möchtest du, aber nicht bist.

Mein Kamerad, von Angesicht
steinalt wie Spuren von Vulkanen,
mit Asche, unverheilten Narben
neben gealtert brennenden Augen
(Lampen aus seinem eignen Keller),
mit Händen runzlig – wie leicht stechen
im Glanze unsres Lebens wir
auf den Gestorbenen ein, stochern in Knochen,
lassen in Trümmer sinken seinen stolzen Turm,
hauen in seiner Widersprüche Kerbe,
essen vom selben bittren Brot wie er,
messen den, der vom hohen Roß gestürzt ist,
an unserm eigenen strenggeheimen Hochmut:
Ach nein, nicht das! Ich will nur wissen,
welcher von beiden war der Echte?
Der sich verzehrte und entflammte
oder der da posaunte: Seht mich, seht mich?
War's, der Verachtung abgesondert und gehofft,
daß die Verachteten ihn dennoch lieben,
wie viele, die beim Betteln toben?

Hier bricht ab die Geschichte, zu Ende
hab nicht ich sie geschrieben, sondern der Tod,
doch sind wir sichtlich alle Richter
und wünschen uns verbissen nichts so sehr,
wie mitzusprechen fremdes Unrecht.

AUSLANDSSCHULDEN

Unter *Graissage, Lavage* und dem Tag *Dimanche*
fliegt grün der Rock der Fahrt vorüber.
durch Bierbuden führt der Weg zum Meer,
durch Worteniederreißen geht's zur Stille,
zur dritten, zur erwählten Einsamkeit.

(Der Ritter ohne Spiegel, Herr Montenegro,
läuft fort aus den Gesprächen, erschrocken,
und findet's allen Ernstes an der Zeit, daß er
einbreche in die Natur mit seiner Erscheinung.)

Wir fühlen ja mit dieser neuen Sträflingsgattung:
Er harrte aus auf einer Endlostagung,
starrte – und wußte gar nicht, wieso, warum –
unbeweglich wie ein Eiszapfen am Südpol,
wehrlos in der Runde der Kapitalverwalter,
in jedes der kalten Gesichter: Da saßen
beisammen sie als Richter über Chile, das ihnen
pro Kopf eine Milliarde Dollar schuldete.

Wie war er überhaupt in diesen Zwinger geraten?
Montenegro
wußte es nicht, dabei hatte er im Leben so manches
Abenteuer bestanden mit sacht blutrünstigen Panthern
oder Pythonschlangen von respektheischenden Kräften,
hatte im Frührot durchstreift den Dschungel Ceylons
und getarnt als Krokodil erschreckt die Elefanten,
doch niemals sich so verloren gefühlt wie unter
den dünnlippigen Abgesandten mit abstrakten Blicken,
die einander in kalter Wut mit Zahlen bewarfen.

Kein Banker blickte Montenegro ins Gesicht. Sie sahen
nicht einmal untereinander sich an (im Grunde
kannten sie sich), (trüb und dabei doch gläsern),

einig in einem: Die Stümper nehmen wir nicht auf,
die Fliegen, die vor Kälte von der Decke fallen.

Heute aber schwamm er fast in Himmelswasser,
schwebte in den Atemzügen der Wälder, ward geboren,
fuhr auf kein Ziel zu, der Geladene, kein Vergnügen,
flüchtete nur vor Pariser Schlünden,
der Unexakte, der gern ging in Herden,
hatte, zersiebt von Blicken wie Revolverschüsse,
kurz vorm Verbluten sich herausstaffiert
für einen Tag, gemütlich, auf dem Lande.

Lassen wir Montenegro doch wieder in seine Kneipen,
zu den lauten Freunden aus seiner Schulzeit,
vergessen wir den Wagen, der hier in Frankreich
auf Autobahnen in Richtung Rouen fährt,
drinnen ein Irgendwer namens Montenegro,
der, halbtot vor Angst vor Auslandsschulden,
davonlief in Frankreichs Äcker und Fluren.

Respekt bitte vor seiner Flucht!

EIN HERR MONTERO

Ich lernt ihn kennen (und der Mann
hieß Montero) im Getümmel
eines Krieges, in dem ich war.

Verwachsen mit der Politik
wie mit dem Urgestein die Schnecke,
war Abdruck er, Korallenform,
einer von vielen, der Organisation,
lebendig, lebenslänglich, rühmte er sich
seiner Reinheit, als wäre es die des Volkes.

Dann aber fiel er um, der Mann,
und was echt schien, war Blendung.
Er war, entdeckten wir, ein anderer,
war keine Traube an dunkler Dolde,
lief nicht freiwillig in der Herde,
war kein Kapitän, erkannt von allen.
Was er am Leibe trug, fiel ab
wie ein zerschlißner Rock. Da stand er nackt:
ein zeternd Mensch nur noch,
Gewächs aus wildem Sumpf.

Erheblich ist nur, und mir unerträglich,
wie die Betrüger, der und der,
zu Masken kommen, Handschuhen, Kleidern,
so prunkvoll und derart gediegen,
daß wir, die Unverstellten,
fest überzeugt und offnen Mundes
bei ihrem Karneval mitspielen
und nicht mehr wissen, wo gelebt wird.

Ach, nenn mir keiner sie Verräter,
die vielen, die einst Wahrheit lehrten,
vielleicht danach gelebt von Herzen,
um dann mit ihr sich zu verfeinden
und seitdem zu hassen,
was sie gewesen und was wir noch sind.

Der arme Renegat, er lebt
von einer Chamudezerie zur andern,
fristet in Nobelhotels sein Leben,
wirft Schmutz um sich, wird immer bittrer,
und löst zuletzt sich auf im Leeren,
hat niemanden mehr als seinen Nabel.

Warum verfluchen, wer sich aufgebraucht,
als er den inneren Frost verströmte?

Es kam Caballero Marcenac,
als der Tag sich neigte, zu mir;
er hatte noch mehr Weiß auf dem Kopf
und noch allerhand Vögel darin.

Gelbe Tauben beherbergt
sein aristokratischer Schädel;
die Tauben schwirren im Schlaf
in seinem Taubenschlaghinterkopf
wie im Amphitheater herum,
und hinter seiner Stirne stolziert
scharlachfarben der Ibis rot
mit seiner Armbrust voll Blut.

Hei, welch fürstliches Privileg!

Wandern mit Rebhühnern, Wachteln,
prachtvolle Fasanen hüten,
goldschimmernd Gefieder, das flieht
vor dem irdischen Feuerwerk,
dazu außerdem Spatzen, azurnes
Gevögel, und Lerchen, Kanaris,
Nachtigallen, Rotkehlchen, Spechte,
Djukafinken und Bülbüls.

In seinem eigenen hellen Kopf,
den mit Licht überglänzt hat die Zeit,
geht der Caballero Marcenac
mit seiner himmlischen Vogelschau
durch die Straßen. Und mit einem Mal
meinen die Leute, sie hätten es jäh
unbändig singen und zwitschern gehört
oder trillern im Morgenrot;
doch da er selber nichts davon weiß,

geht er weiter im Fußgängertritt,
und wo er hinkommt, da schauen ihm
Augen nach, bleich und bang.

Der edle Caballero Marcenac,
heute schläft er in Saint Denis,
und ganz still ist es in seinem Haus,
denn sein Schädel ruht nun aus.

CHARMING

Entzückend die Familie
mit exklusiv exzentrischen Töchtern,
wie sie sich versammelt im Grab:
Manche hängend am Kokaschnee,
andre von ihren Schulden geschwächt,
schreiten sie groß-, blaß- und vieläugig
in einer Reihe zur Familiengruft.

Mancher kam später als vorgesehn
(versumpft in Safari, Sauna oder Bett),
fand sich zu spät ein zur Dämmerung,
zur letzten Teatime des letzten Clans.

Die Generalsgattin führte streng
den Dirigentenstab,
und jeder erzählte seine Geschichte
von Ehepaaren, arg zerstritten,
bei denen gleichzeitig, in Bombay,
in Acapulco, Nizza, Rio
die Prügel, Schüsseln, Kannen flogen.

Die Jüngste, mit Augen sanft und gelb,
zog nackt sich aus, wo sie ging und stand,

so stürmisch war sie, so übereilt,
ein anderer kam grad aus der Haft,
wo er wegen eleganter Gaunereien saß.

Langsam veränderte sich die Welt,
die Zeit, sonst unerschütterlich, ging
Hand in Hand mit der Bodenreform,
und Barschaft fand man nun nicht mehr
so einfach an der Wand, und auf der Uhr
lächelten die Stunden sie nicht mehr an,
verändert war des starren Abends Gesicht.

Wann sie hinab sind, weiß ich nicht,
Abgänge notieren steht nicht in meiner Rolle,
fort jedenfalls ist der reizende Clan,
kein Mensch weiß noch, daß es ihn je gab,
das dunkle Haus ist eine helle Schule
und was verstreut war, in der Gruft vereint.

Wie heißen, wie hießen sie doch noch?

Keiner fragt mehr, keine Erinnerung bleibt,
kein Mitleid, Antwort gebe ich allein
nur mir, und irgendwie zärtlich fast:
Schließlich erfüllen Mensch und Baum
nur ihre Farbenfolge, entblättern sich:
Leben und Erde bestehen so fort.

HOMEROS ANKUNFT

H. Arce und aus Chile. Guter Gott,
wie weit entfernt und wie wortkarg der Caballero!
Es schien, als könne, als käme er gar nicht
fort aus meiner widerborstigen Heimat Chile,

meinem felsigen und schwanken Land.
Und doch ist er gekommen, hierher, protokollarisch gekleidet,
mit Krawatte, die Hose in Bügelfalten,
atlantisch gestimmt, am Ende also doch,
und verlor kein Wort über den verwegenen Flug
in vollbesetzter Maschine,
der frischgebackene Flieger.
Man halte sich seine Persönlichkeit
vor Augen, die eines Beharrers und Dichters,
wie er still vorbeitickern läßt seine Tage
und darum auch nicht zum Brand schürt
seiner Dichtung nobles Feuer.

So sind sie beschaffen, sollten wir wissen, die Männer,
die so groß sind, daß sie sich verkleinern
und nur gering schätzen erste Ränge,
die so ungebrochen sind wie das Holz
alten Gebälks, das glatt geworden ist unter der Berührung
der Würde und der Zeit.

Nun steht er wieder vor mir, mein
Weggenosse,
und da ich ihn kenne, sag ich nichts,
sage nur guten Tag zu ihm.

FELS IN DER BRANDUNG

Ein Fels ragt aus der Brandung
hier draußen an der Küste,
erbittert fällt der Sturmwind,
das Salz im Meer, der Jähzorn
seit Ewigkeiten, heute
und gestern, vielhundert Jahre
über die Klippe her.

Zerklüftet ist sie, runzlig,
hat Löcher,
Gebilde, Sprünge, Stufen,
hat Wangen aus Granit,
und Meer schießt auf am Felsen,
ihn liebend,
bitterböse birst ein Kuß,
hoch schäumt die Gischt zu Blitzen,
grimmigem Mondengleißen.
Da liegt der Felsen, grau,
in Altersfarbe, nüchtern,
ohne Ende, müde, übermächtig.

HIER MUSS ICH DURCH

Was für ein heiler, heilverheißender Genosse!
Runde um Runde dreht er in der Arena
meiner Republik, und mir scheint,
das Lächeln müsse ihm längst vergangen sein,
vom Bretterpodest gefallen, vom Fahrrad,
auf den Stierkampfplatz, in den Weltkampfring,
größer noch unterm politischen Licht,
aber nein, keineswegs: immer der Unbeirrbare,
der Tadellose mit strahlendem Gebiß.

Und da der Andere mit seiner Wahrheit und der meinen,
der wahren Wahrheit,
befestigt an einem Knüppel, einer Drohung,
auf der Suche nach einem, dem er den Schädel einschlägt
mit der zerbrechlichen Nase der Gerechtigkeit.

Und dies Jahrhunderte hindurch: Wie kerngesund
ist dieser mein Freund in der Wahrheit, und der Andere
in einer andern Runde, und in der Lüge.

So lobe ich am Guten, andeutungsweise,
die gewisse Scham eines Armen, der in den Zirkus geht
und bei Nacht zurückwandern muß zum Dorf
auf den schlechten Wegen meines Landes.

Und den Anderen, gesund und kampfbegierig,
den ruchlos Rasenden mit seinem Gefolge,
ja, ja, von behämmert glotzenden Nagetieren,
ihn verurteile ich Sektierer und setze ihn ab.

Mit wem, Bruder von morgen,
mit wem wirst du mir bleiben, bleibe ich dir?
Welche der zwei besessenen Hälften
wird ihr Grabmal am Weg erhalten?

Sorgen wir doch dafür, daß unter Feuer und Tränen
sie sich verbünden, eins werden, ein für allemal,
und nicht auf die Nerven gehn mit soviel Güte
oder soviel Bosheit: Wir haben es ja erkannt,
daß es uns niemals gelingt, so gut zu sein,
und daß wir es auch nicht schaffen, so verderbt zu werden:
Seien wir also hübsch behutsam beim Lebenverändern,
damit wir nicht einseitig weiterleben!

JAMMERLIED, BEI DEM JEDER SICH LANGWEILT

Zeitlebens hab ich die Nacht lang
kalkuliert und berechnet,
aber nicht Kühe, nicht Rinder,
aber keine Pfund Sterling,
aber auch keine Francs,
aber doch keine Dollars,
nein, nichts dergleichen.

Zeitnächtens hab ich mein Lebtag
kalkuliert und berechnet,
aber doch keine Wagen,
aber doch keine Katzen,
aber keine Geliebten,
nein, nichts von alldem.

Zeitlebens hab ich das Licht lang
kalkuliert und berechnet,
aber keinesfalls Bücher,
aber doch keine Hunde,
aber doch keine Ziffern,
nichts da.

Zeitmondens hab ich die Nacht durch
kalkuliert und berechnet,
aber nicht all die Küsse,
aber nicht meine Bräute,
nicht die Betten, darin ich gelegen,
nein, durchaus nicht.

Zeitnächtens hab ich durch die Wellen
kalkuliert und berechnet,
aber nicht die geleerten Flaschen,
aber auch keine Zähne,
aber auch keine Becher,
nein.

Solange Krieg war, hab ich den Frieden
durch gezählt und berechnet,
aber nicht Todesopfer,
aber auch keine Blumen,
von wegen.

Solange es regnete, habe ich erdweit
kalkuliert und berechnet,

aber keine Landstraßen,
aber nicht all die Lieder,
das nicht.

Solange die Erde besteht, hab ich im Dunkel
kalkuliert und berechnet,
aber keine Haare einzeln
und auch keine Runzeln,
nichts Verlorengegangenes,
nichts da.

Das ganze Sterben lang hab ich mein Lebtag
kalkuliert und berechnet,
doch worum es denn ging,
weiß ich nicht mehr,
nein.

Zeitlebens hab ich den Tod lang
kalkuliert und berechnet,
und ob ich dabei zu kurz kam
oder ob ich gewonnen,
ich weiß es nicht, die Erde
weiß es auch nicht.

Und so immer weiter.

AUSSER KONKURRENZ

Ich bin zum Konkurrieren so unbegabt,
daß Pedro und Juan alles einsackten,
die Gummibälle,
die Mädchen,
die Aspirintabletten und die Zigaretten.

Schwierig das Kindsein für einen Trottel,
ich war aber immer
noch vertrottelter als die andern Trottel,
so schnappten sie mir Radiergummis weg, Füller
und meine ersten Küsse in Temuco.

Ach, waren das Mädchen!
Nie sah ich solche Prinzessinnen wieder,
blau strahlten sie alle oder trauerschwarz,
blank wie Zwiebeln, hell wie Perlmutt,
die Hände präzise, klar die Nasen,
mit Augen wie Stuten, ganz unerträglich,
die Füße wie Fische oder Madonnenlilien.

Sicher, zugegeben, damals war ich
ein Klappergestell und überspielte mit Hochmut,
daß ich im Lieben tumb war wie ein Schaf,
nicht mal nach Beinen zu schielen wagte,
nicht nach den Haaren, die im Nacken
herabstürzten wie Kaskaden,
dunkles Wasser über meine Wünsche.

Auch danach, liebe Leute, erging es mir so,
auf allen Straßen, die ich begangen,
warf man mich mit einem Stoß in die Rippen
oder einem kalten Augenpaar aus dem Rennen,
ließ mich nicht mit in den Speisesaal,
zogen alle ab mit ihren blonden Frauen.

Und ich kann mich nicht wehren.

Mich großzutun mit Verdiensten,
heimlich aufbewahrten Medaillen,
edlen Taten, geheimen Titeln,
paßt nicht zu meiner begriffsstutzigen Art,
ich verkrieche mich in mein Loch,

und je mehr man mich pufft und mich knufft,
desto tiefer sinke ich im Tierreich hinab,
grabe mit Maulwürfen mich in die Erde,
such mir einen komfortablen Keller,
dahin kommen nicht einmal die Fliegen mehr.

So traurig ist meine Geschichte,
wenn sie an Traurigkeit auch vielleicht
an die Ihre, Señor, nicht heranreicht,
so kann es doch sein, so denke ich mir,
ich mein, kann sein, daß Sie ein noch größerer Trottel sind.

OREGANO

Als ich allmählich das Sprechen
erlernte,
da lernte ich, glaube ich, schon den Mangel an Zusammenhalt:
Niemand verstand mich, nicht einmal ich selbst,
und ich haßte jene Wörter,
die mich wieder und wieder
ins selbe Brunnenloch stießen,
ins Brunnenloch meines eignen, noch dunklen Wesens,
noch leidend an meiner Geburt,
bis ich auf einem Bahnsteig
oder einem frisch gerodeten Feld
für mich ein Wort entdeckte: *Oregano,*
ein Wort, das mich entwirrte,
als zöge es mich aus einem Labyrinth.

Kein weiteres Wort wollte ich da noch lernen.

Ich verbrannte die Wörterbücher,
schloß mich ein in diesen singenden Silben,
voller Bilder von einst, voller Zauber und wilden Wachstums,

und lauthals schreiend am Ufer
der Flüsse,
zwischen scharfen Schwertlilienblättern
oder auf dem Zement der Zitadelle,
in Bergwerkstollen, Büros und Sterbezimmern
käute ich wieder und wieder mein Wort *Oregano,*
und es war, als wäre es eine Taube,
die ich aufflattern ließ unter den Unwissenden.

Wie roch das nach furchterregendem Herzen,
wie roch das nach der wahren Vielfalt und Fülle von Violett,
und welch lidhafte Form,
um die Augen zu schließen und einzuschlafen:
Die Nacht hat *Oregano,*
und manchmal wurde es zum Revolver und geleitete mich,
so daß ich lässig zwischen Raubtieren hindurchgehn konnte:
Dieses Wort verteidigte meine Verse.

Ein Drachen, Reißzähne (gewiß
würden sie mich zerfleischen),
die Wildsäue und die Krokodile:
Da zog ich
einfach aus meiner Tasche
mein verehrungswürdiges Wort:
Oregano, schrie vor Freude
und schwenkte es in meiner zitternden Hand.

O Wunder, die bestürzten Ungeheuer
baten mich um Vergebung und baten mich
demütig um *Oregano.*

O Schmetterling unter den Wörtern,
o Helikopterwort,
unbefleckt und trächtig zugleich
wie eine priesterliche Erscheinung,
duftgeladen,

raumbeherrschend wie ein schwarzer Leopard,
phosphoreszierendes Oregano,
das mir dazu diente, mit niemandem zu reden
und mein Geschick zu erhellen,
im Verzicht auf den Prunk vernünftig folgender Rede,
dank einer geheimen Sprache, der des Oregano.

DIE AUF MICH WARTEN IN MAILAND

Die auf mich warten in Mailand,
sind weit entfernt vom Nebel,
stehen nicht da und stehen dennoch,
neben andern, die mich erwarten.
Sie sind gewiß nicht gekommen,
weil ihre Beine aus Stein sind,
und stehen wartend im Kreis
an den Kircheneingängen,
die Flügel zerschlissen, nichts zum Fliegen,
die Nasen lang schon abgebrochen.

Es wissen nicht, die da warten,
daß ich zu ihnen aus den Wolken
und aus Zweifeln herabsteige.

Die Heiligen, in sich versunken,
die Venusse mit verstümmelten Nasen,
die sauertöpfischen Reptile,
sie winden sich und würgen,
die Schlangen aus dem Paradiese
und die gelangweilten Propheten
sind früh genug an ihren Portalen,
um mir mit Ehrfurcht aufzuwarten.

PARODIE AUF EINEN KÄMPFER

Ja, was treibt ihr denn da unten?
Anscheinend habt ihr alle viel zu tun,
brodelt nur so in euren Geschäften.

Da unten, da unten,
in der Tiefe da drunten,
macht ihr vielleicht ein großes Getöse,
hier oben sieht man nicht viel davon,
ich kann eure Münder nicht erkennen,
erkenne
keine Details, kein Lächeln,
keine abgelaufenen Schuhe.
Warum kommt ihr nur nicht?
Wo wollt ihr euch denn verkriechen?

Ich bin hier, hier bin ich!
In Gedanken Weltklasse in Ski und Boxen
im Schwergewichtslanglauf,
ich habe schwarze Schwingen,
bin der Henker,
bin der Priester,
der größte General aller Schlachten,
laßt mich nicht allein, ihr,
bloß das nicht,
nicht fortgehn,
ich hab doch eine Uhr,
habe eine Kugel,
hab den Plan zu einem Kleinkrieg der Banken,
komme mit allem zu Rande,
könnte ja der Vater sein von euch allen,
ihr gottverfluchten Kinder:
Was ist denn,
habt ihr mich etwa vergessen?

Ich seh euch doch von hier oben,
lauft ja ganz täppisch ohne meine Füße,
ohne meinen Ratschlag,
schlurft ja nur träge übers Pflaster,
wißt nichts von der Sonne,
habt das Pulver nicht erfunden,
müßt erst noch lernen, wie man Kind ist,
wie man ißt, okkupiert,
wie man Berge erklettert,
Hefte ordentlich führt,
wie man Flöhe umbringt,
sein eignes Land dechiffriert,
müßt noch entdecken die Inseln.

Aus, alles zu Ende.

Fort sind sie, auf ihren Straßen, zu ihren Kriegen,
fort zu ihren Unbekümmertheiten, ihren Betten.
Ich hänge fest
in der Einsamkeit Zähnen,
ein zerkauter Batzen Fleisches,
Vorderbeinknochen
eines ausgestorbenen Tieres.

Mit welchem Recht! Ich verlange
mein Bezirksamt, meine Diensträume,
den Rang, den ich mir erworben bei der Truppe,
auf dem Fußballplatz,
ich finde mich nicht damit ab, im Schatten zu stehn!

Ich habe Durst, Hunger nach Licht,
und bekomme nur Schatten zu fressen.

EIN ANDERES SCHLOSS

Nein, ich bin nicht der Feurige,
ich bestehe aus Kleidern, Rheumatismus,
zerrissenen Papieren, vergessenen Zitaten,
armseligem Höhlengekritzel auf etwas,
was einmal stolze Steine waren.

Wo ist das Schloß des Regens geblieben,
wo die Zeit des Wachsens mit ihren traurigen Träumen
und jener halbentfaltete Plan
von ausgebreiteten Schwingen, vom Adler am Himmel,
von heraldischem Feuer?

Nein, ich bin nicht der Blitz
aus blauem Feuer, niederzuckend wie eine Lanze,
die jedes Herz ohne Bitterkeit durchbohrt.

Das Leben ist nicht die Spitze eines Messers,
kein niederschmetternder Stern,
sondern ein leiser Verschleiß im Leihkostüm,
ein tausendfach wiederholter Schuh,
eine Medaille, die langsam oxydiert
im Innern einer dunklen, dunklen Truhe.

Ich verlange keine frische Rose, keine Schmerzen,
nicht Gleichgültigkeit ist's, was mich verzehrt,
sondern daß jedes Zeichen geschrieben ist,
Salz und Wind verwischen die Schrift,
und die Seele ist nun eine schweigende Trommel
am Ufer eines Flusses, jenes Flusses,
der dort war und dort sein wird weiterhin.

DER GROSSE PINKLER

Der große Pinkler war gelb,
und der Strahl, der herunterkam,
war ein bronzefarbener Regen,
prasselnd auf die Kuppeln der Kirchen,
auf die Dächer der Automobile,
auf die Fabriken und die Friedhöfe,
auf die Menge und ihre Grünanlagen.

Wer war er? Wo steckte er?

Etwas Dichtes war's, eine zähe Flüssigkeit,
was da runterkam
wie von einem Roß,
und erschrockene Passanten
ohne Regenschirm
blickten suchend zum Himmel auf,
während die Paradestraßen überflutet wurden
und unter den Türen
der unablässige Harnstrom hereinquoll,
der die Kanalschächte füllte,
Marmorböden versaute und Teppiche,
Treppen.

Nichts war zu erkennen. Wo
lauerte die Gefahr?

Was war los mit der Welt?

Der große Pinkler in der Höhe
schwieg und pinkelte.

Was soll das bedeuten?

Ich bin ein schlichter Dichter
und habe nicht den Ehrgeiz, Rätsel zu lösen
oder Spezialschirme zu empfehlen.

Tschüs! Bis bald! Ich winke und verziehe mich
in ein Land, wo man mir keine Fragen stellt.

TOD UND VERFOLGUNG DER SPATZEN

Ich war in China
gerade in den Tagen,
als Mao Tse-Tung ohne großen Eifer
verfügte, daß die Spatzen alle
auf der Stelle ihr Leben zu lassen hätten.

Ebenso bewundernswert
diszipliniert,
wie es einst die Mauer erbaut hatte,
massierte China seine Massen
und schwärmte jeder Chinese aus nach dem Feinde.

Knaben, Soldaten, Astronomen,
Mädchen, Soldatinnen, Astronomenfrauen,
Flieger und Friedhofsangestellte,
chinesische Köche, Dichter,
Erfinder des Pulvers und Bauern,
die den heiligen Reis anbauten,
Erfinder von Spielsachen, Politiker
mit dem chinesischen Lächeln,
alle gingen los
auf den Sperling;
der starb eines millionenfachen Todes,
bis Mao Tse-Tung auch den letzten, allergrößten
Sperling füsilierte.

Darauf zog jeder Chinese bewundernswürdig
diszipliniert aus mit einem Spatzen,
mit seinem traurig kleinen Spatzenleichnam
in der Jackentasche;
ein jeder der
siebenhundertdreißig Millionen
Bürger Chinas
hatte einen Spatzen
in einer der
siebenhundertdreißig Millionen
Jackentaschen,
und alle zogen, jahrtausendealte
Ruhmes- und Kriegeshymnen schmetternd,
ins ferne Gebirge des Grünen Mondes,
dort oben jeden toten Sperling einzeln
zur letzten Ruhe zu betten.

Das zog sich hin über siebzehn Jahre:
Jeder bekam sein eigenes kleines Grabmal,
seine Privatgruft, seine begrünte Grube,
oder kam ins Massenloch, schnell gegraben,
bis, immer der Reihe nach,
restlos alle
Spatzen Chinas unter der Erde waren.

Doch dann geschah Sonderbares.
Als die Beerdiger gegangen, huben
die kleinen Beerdigten an zu singen:
Das war ein Sperlingsgeschmetter,
das da durchs Chinesenland schmetterte:
Der ganze Planet stieß ins Horn.

Von dem Schall erwachten die Sterblichen,
die vor undenklichen Zeiten Gestorbenen,
die Jahrhunderte toter Chinesen.

Sie kehrten zurück in ihr Leben,
zu ihren Pflugscharen, ihrer Wirtschaft.

Ich mache niemandem einen Vorwurf. Laßt mich in Frieden.

Zumindest ist jetzt geklärt,
warum mit jedem Tag mehr Chinesen und immer weniger
Spatzen auf der Welt leben.

SCHLENDERN MIT LAFORGUE

Ich sagte also, ich, wir alle,
leichtsinnige Brüder, dürftig mit Tiefsinn drapiert –
warum bloß wollten wir niemals Arm in Arm gehn
mit diesem zärtlichen Julius, der einsam starb?
Mit einem Bruder von reinstem Leichtsinn,
der uns vielleicht hätte lehren können das Leben
auf seine Weise,
den Mond auf seine Weise,
ohne die feindselige Bitterkeit des Geschlagenen?

Warum bloß haben wir nicht seine Violine begleitet,
die den papierenen Herbst seiner Zeit entblätterte
für den exklusiven Gebrauch von jedermann,
von aller Welt, wie es recht und billig?

Jünglinge waren wir, törichte Liebhaber
des rauhkehligen Tenors von Sils-Maria,
ja, der gefiel uns,
die ausweglose, widerborstige Einsamkeit,
Gipfel der Adlervögel,
die nur für die Münzen taugen,
Herrscher-Vögel, bestimmt
fürs Balgmuseum und fürs Wappenschild.

Jünglinge, die in schäbigen Pensionen hausten,
von endlosen Spaghetti sich nährend,
von Brotkrümeln in den zerschlissenen Taschen,
Nietzschekrümeln in den armen Gehirnen:
Draußen kam man ohne uns aus,
die Straßen und die Häuser und die Liebe:
Wir taten, als liebten wir die Einsamkeit
wie Zuchthäusler ihre Haft.

Heute, da es schon allzu spät ist, hab ich dich wiedergesehn,
Jules Laforgue,
feiner Gefährte, trauriger Caballero,
wie du dich lustig machst über alles, was du warst,
einsam im Park der Kaiserin
mit deinem Taschenspiegelmond
– dem Ehrenzeichen, das du dir beigelegt –,
so korrekt zur Abenddämmerung,
so freundschaftlich zur Melancholie,
so großmütig zur weiten Welt,
die du doch kaum verdauen konntest.

Denn mit deinem Sterbenslächeln
bist du in später Stunde gekommen, sanfter, wohlgekleideter
Junge,
uns zu versöhnen mit unserem armen Leben,
als du dich schon mit dem Tod vermähltest.

Ach, wieviel ist uns verlorengegangen durch den Trotz
in unserer verachtungsvollen Jugend,
die nur das Sturmgewitter liebte,
während das *froufrou,* das du uns erlauschtest,
oder das Mondensolo, das du uns lehrtest,
eine Wahrheit waren, die wir nicht begriffen:
die Schönheit der Welt, die du verlorst,
damit wir sie erben sollten,
die noble Geheimschrift, die wir nicht entzifferten:

deine tödliche Jugend, die uns etwas lehren wollte,
ans Fenster klopfend mit einem gelben Blatt:
deine Lektion, bewundernswerter Lehrer,
lauterer Gefährte,
so verhalten verendend.

Nachwort

Am 12. Juli 1973, als Pablo Neruda 69 Jahre alt wird, übergibt er seinem Verleger Gonzalo Losada, der aus Buenos Aires an sein Krankenlager in Isla Negra gekommen ist, um ihm zu gratulieren, acht Gedichtbücher. Sie werden 1974 – postum – in der von ihm bestimmten Reihenfolge erscheinen: *Die abgeschnittene Rose, Garten im Winter, 2000, Das gelbe Herz, Buch der Fragen, Elegie, Das Meer und die Glocken, Ausgewählte Mängel.*[1]

Die letzten vier Jahre seines Lebens stellt Neruda ganz in den Dienst seines Landes. Er kämpft mit allen Kräften für das Gelingen der *Unidad Popular*, der *chilenischen Revolution*: Als Dichter, Journalist, Vortragsredner, als Politiker und Diplomat wirbt er in Chile und im Ausland für die von Salvador Allende geführte Regierung. Obwohl ihm ein Krebsleiden große Schmerzen bereitet, versieht Neruda sein Amt als chilenischer Botschafter in Paris, das ihm Allende 1970 überträgt, mit der allergrößten Sorgfalt und mit Erfolg. Dabei kommt ihm das Ansehen zustatten, das er in Frankreich und auch bei Staatspräsident Georges Pompidou genießt, der selbst ein Literat ist. Als ihm am 21. Oktober 1971 der Nobelpreis für Literatur zugesprochen wird, ist dies die Krönung seines künstlerischen Schaffens und zugleich ein Hommage an Chile. Im November 1972 ehrt ihn eine jubelnde Menge im überfüllten Nationalstadion von Santiago. Auf der Ehrentribüne klatscht auch General Augusto Pinochet Beifall, der ein knappes Jahr danach gegen die Regierung Allende geputscht und in diesem Stadion seine Gegner zusammengetrieben hat. Neruda ist zum Zeitpunkt des Putsches ein todkranker Mann. Die mexikanische Regierung bietet ihm politisches Asyl an. Er zieht es vor, in Chile zu bleiben. Seinen Freund Salvador Allende überlebt er nur wenige Tage: Am 23. September 1973 erliegt Pablo Neruda in Santiago de Chile seiner Krankheit. Das Begräbnis wird zur ersten großen Demonstration gegen die Militärdiktatur.[2]

Zehn Jahre später, im September 1983, versammeln sich wiederum Tausende von Chilenen in Santiago, um das Andenken Pablo Nerudas zu ehren und um seine Gedichte zu hören, die Matilde Urrutia vorträgt. Sie stirbt am 5. Januar 1985, 70 Jahre alt, in Santiago an Krebs.
Trotz aller Belastungen schreibt Neruda Morgen für Morgen an seinem Werk: 1970 erscheinen – neben *Comiendo en Hungría* – *La espada encendida* (*Das flammende Schwert*) und *Las piedras del cielo* (*Die Steine des Himmels*). *La espada encendida* basiert auf der chilenischen Legende von der *Stadt der Cäsaren*, die in den patagonischen Anden liegen soll, eine Variante des vielerorts in Lateinamerika verbreiteten Mythos von der verborgenen goldenen Stadt (*El Dorado, Manoa*). Neruda erfindet eine literarische Utopie, in der, nachdem die Welt des 20. Jahrhunderts untergegangen ist, Rhodo, der letzte überlebende Mann, Rosía, ein junges Mädchen aus jener *Stadt der Cäsaren*, trifft: Mit ihr will er ein neues Menschengeschlecht zeugen. In den antarktischen Süden, in die einsamste und wildeste Natur, verlegt Neruda diesen Neuanfang. *Las piedras del cielo* ist ein höchst phantasievolles Lapidarium, das *Die Steine Chiles* (1961) fortsetzt und mit dem Wunsch des Dichters endet, selbst ein Teil der Wunderwelt der Steine zu werden. Auch mitten im Wahlkampf, wenn Neruda im Auto durch Chile reist, und später in Frankreich, auf den Fahrten zwischen Paris und seinem Haus in der Normandie, schreibt er seine Verse: So entsteht *Geografía infructuosa* (*Unnütze Geographie*, 1972): Reisen, Landschaften, helle und dunkle Stimmungen alternieren. Als die gegen Chile gerichtete Destabilisierungspolitik der Vereinigten Staaten von Amerika immer sichtbarer wird, verfaßt Neruda sein letztes polemisches Gedicht, eine heftige Invektive gegen Nixon und dessen Administration (*Incitación al nixoncidio y alabanza de la revolución chilena/Anstiftung zum Mord an Nixon und Lob der chilenischen Revolution*, 1973). Am 5. Februar 1973 legt Neruda sein Amt als Botschafter nieder. Die unerbittlich fortschreitende Krankheit zwingt ihn dazu. Er kehrt nach Chile zurück. In Isla Negra diktiert er Tag für Tag Homero Arce seine Memoiren, die 1974 unter dem Titel

Ich bekenne ich habe gelebt erscheinen, und er nutzt jeden schmerzfreien Augenblick zur Arbeit an seinem lyrischen Werk.
Nerudas postumes lyrisches Werk spitzt die Themen der späten Bücher weiter zu: die Einsamkeit des Menschen, besonders im Alter und im Angesicht des Todes, den Pessimismus bei der Bewertung der sozialen und politischen Wirklichkeit, den Rekurs auf die Materie und die Gesetzmäßigkeiten der Natur, die Ohnmacht der Dichter. Angst und Hoffnung[3] sind die polaren Begriffe und Empfindungen, die die Themen und Bilder hervorrufen. Angst erzeugen die heimtückische Krankheit, der Tod vieler Freunde, die politischen Probleme seines Landes, die Friedlosigkeit einer waffenstarrenden, ungleich und ungerecht organisierten Welt, die ökologische Gefährdung der Menschheit. Die Hoffnung stützt sich – das ist schon fast ein Akt des Glaubens – auf die materialistische Überzeugung vom naturgesetzlichen Kreislauf. Tröstlich wirkt die Erinnerung an die Kindheit und an gute Freunde. Lebensnotwendig wird der Rückzug aus dem Getriebe aufs Land, nach Isla Negra, in Einsamkeit und Meditation. Die Gedichte verlieren fast vollständig ihren epischen, rhetorischen Charakter, sie werden kürzer, geschliffener, aphoristischer als vorher.
In *Die abgeschnittene Rose* spricht Neruda von der zu Chile gehörenden Osterinsel. Im Januar 1971 ist er mit einem Fernsehteam zu Aufnahmen für den Dokumentarfilm *Geschichte und Geographie des Pablo Neruda* dorthin gereist. Schon immer hat ihn diese Insel interessiert und beschäftigt: Seit dem *Großen Gesang* finden sich Gedichte über die Osterinsel und ihre rätselhafte Kultur in seinem Werk. Sie waren freilich nie aus eigener Anschauung entstanden, sondern verarbeiteten Büchern entnommenes Wissen. Jetzt sieht Neruda die Insel selbst und erlebt ihre dialektische Spannung: Vierzehn Gedichte gelten den *Menschen*, zehn der *Insel*. Rapa Nui, wie er die Osterinsel mit ihrem polynesischen Namen bezeichnet, ist ein Ort der Stille und Meditation, wo sich im Schweigen der Moais, der geheimnisvollen Steinkolosse, mehr Menschlichkeit erhalten habe als in der zivilisierten Welt, die bestimmt sei von Konsumzwang,

Reklame und Entfremdung. Die Figur des – Englisch sprechenden – Touristen symbolisiert die gedankenlose Oberflächlichkeit der alles nivellierenden und gleichschaltenden Lebens- und Wahrnehmungsweise der kommerzialisierten Moderne. Die Statuen der Osterinsel hingegen, die von Menschenhand, aber auch vom Wind geschaffen wurden, sind steingewordene Fragezeichen. Sie verkörpern die Dichte, Härte und Anstrengung des auf den Grund der Dinge zielenden, individuellen Denkens; Individualität wiederum sei, so meint Neruda, die wesentliche Voraussetzung gelingenden Miteinanderseins in der Gesellschaft.

Garten im Winter ist ein Buch der Besinnung in turbulenter Zeit. Der Lärm auf den Straßen des dem Bürgerkrieg nahen Landes dringt an das Ohr des Dichters. Zugleich wird ihm klar, daß es immer einsamer ist um ihn herum, die Freunde, einer nach dem anderen, sterben, wie Manuel Rojas und Benjamín Subercaseaux. Vergänglichkeit, Einsamkeit, Ohnmacht und Angst vor dem Tod belagern den Dichter, der sich in den Wintergarten eingeschlossen hat. Er hat sich isoliert in toter Jahreszeit und wagt sich nicht mehr ans sommerliche Meer oder hinaus in den Frühling. Es bleibt die Erinnerung an die bunten, goldenen Gärten der Kindheit, an die Frauen, die er geliebt hat und mit denen er glücklich war, an die weiten Reisen, die ihn so viel erfahren und sehen ließen, an die regelmäßig frohe Rückkehr in die Heimat, an die Lektüren und an die Lieblingsautoren, wie etwa Quevedo, dessen unbestechlicher, kritischer Blick und messerscharfer Stil in längst vergangener Zeit bereits alles so hellsichtig durchdrungen und aufgezeichnet haben, wie es der Dichter im Wintergarten – einsam, krank und alt – jetzt auch erkennt. Die Menschen – und die Dichter – bilden von Generation zu Generation eine zeitliche Kette des Sterbens und der Wiedergeburt und verleihen so auch dem Vergänglichen Dauer.

Aus neun harten Gedichten besteht das Büchlein *2000*. Neruda bekräftigt die negative Bilanz, die er in *Weltende* gezogen hat, formuliert sie aber beißender und schneidender. Alle Bemühungen des 20. Jahrhunderts seien fehlgeschlagen: Nichts als Zerstörung, Krieg, Tod hätten sie bewirkt. Die technischen Erfindungen bedrohten die Menschen, statt ihnen zu nützen, plünderten die Natur aus, statt sie zu bewahren. Das Sprechen in heutiger Zeit sei verbraucht. Sich selbst definiert er als armen Teufel aus der Dritten Welt:

> Ich komme überallher, Ramón González Barbagelata, der Eisbart,
> komme aus Cucuy, vom Parana-Becken, aus Rio Turbio, aus Oruro,
> aus Maracaibo, aus Parral, Ovalle und aus Loncomilla,
> egal woher, ich bleib der arme Tropf der armen dritten Welt,
> der Fahrgast dritter Klasse; ich sitze – Jesses! –
> im Prachtweiß der verschneiten Anden
> und falle gar nicht auf in den fein national gesinnten Orchideen.[4]

Trotz des sarkastischen Tones kapituliert Neruda nicht: Er ruft die junge Generation auf, die Chance des neuen Jahrtausends zu nutzen.

Das gelbe Herz setzt diese Thematik humorvoll und mit surrealistischen Wortspielen fort. Neruda erinnert sich seiner avantgardistischen Anfänge und der poetischen Improvisationen gemeinsam mit Federico García Lorca und anderen spanischen Dichtern der *Generation von 1927*. Aus den Teilen der absurden Realität zimmert er eine poetische Welt, die zwar nicht weniger disparat und chaotisch ist, doch durch Lachen befreit und die Möglichkeit einer anders gebauten Wirklichkeit suggeriert. Auch *Das Buch der Fragen* spielt mit Paradoxien. Hier besinnt sich Neruda auf Baltasar Gracián, den großen Aphoristiker des spanischen Barock. Wie ein naives Kind stellt der Dichter Fragen, die die Ordnungen und Gesetzmäßigkeiten in Zweifel ziehen: Warum hat Kolumbus eigentlich nicht Spanien entdeckt? Oder was passiert mit den Schwalben, die zu spät zur Schule kommen? Das wilde, anarchistische Denken des jungen Neruda lebt in diesen Sentenzen wieder auf.

Eine völlig andere Stimmung durchzieht *Elegie*. Mit diesem Buch verabschiedet sich Neruda von Moskau und von den Freunden, die er dort traf. Viele oft erwähnte Namen tauchen wieder auf: Ilja Ehrenburg, Nazim Hikmet, Alberto Sánchez. Alle sind längst gestorben. Es gibt nur noch einen wehmütigen Dialog in der Erinnerung und über die Gräber hinweg. Auch *Das Meer und die Glocken* ist eine Elegie. Viele der Gedichte sind auf dem Krankenlager in Isla Negra entstanden: Neruda blickt auf das Meer und auf die Glocken, die er in seinem Garten in einem hölzernen Glockenturm aufgehängt hat. Das Meer, das er liebt, weil es im Hin und Her der Wellen den Stoffwechselprozeß der Natur am anschaulichsten zeigt, symbolisiert jetzt nur noch den Tod. Auch der Klang der Glocken wird leiser, undeutlich. Nur Matilde bleibt: Ihr dankt er im letzten Gedicht.
Ausgewählte Mängel schließlich wirkt wie ein Selbstportrait des Dichters, der Situationen seines Lebens – wie sie ihm einfallen – notiert, gute und böse Erlebnisse, schöne und häßliche Eindrükke. Sein Fazit:

> Das Leben ist nicht die Spitze eines Messers,
> kein niederschmetternder Stern,
> sondern ein leiser Verschleiß im Leihkostüm,
> ein tausendfach wiederholter Schuh,
> eine Medaille, die langsam oxydiert
> im Innern einer dunklen, dunklen Truhe.
>
> Ich verlange keine frische Rose, keine Schmerzen,
> nicht Gleichgültigkeit ist's, was mich verzehrt,
> sondern daß jedes Zeichen geschrieben ist,
> Salz und Wind verwischen die Schrift,
> und die Seele ist nun eine schweigende Trommel
> am Ufer eines Flusses, jenes Flusses,
> der dort war und dort sein wird weiterhin.[5]

Karsten Garscha

Anmerkungen

1 Die Übersetzungen des postumen Werkes – *La rosa separada* (*Die abgeschnittene Rose*), *Jardín de invierno* (*Garten im Winter*), *2000*, *El corazón amarillo* (*Das gelbe Herz*), *Libro de preguntas* (*Buch der Fragen*), *Elegía* (*Elegie*), *El mar y las campanas* (*Das Meer und die Glocken*), *Defectos escogidos* (*Ausgewählte Mängel*) – basieren auf den Originalausgaben, die alle 1974 bei Losada in Buenos Aires publiziert wurden. *Die abgeschnittene Rose* und *Buch der Fragen* hat Monika López für diese Edition übertragen, ebenso wie den überwiegenden Teil der Zyklen *Garten im Winter, 2000, Das gelbe Herz*, *Elegie*, *Das Meer und die Glocken* und *Ausgewählte Mängel*; die restlichen Gedichte werden in der Übersetzung von Fritz Vogelgsang geboten (übernommen aus: Pablo Neruda, *Letzte Gedichte. Nobelpreisrede 1971*. Spanisch-deutsch. Herausgegeben und aus dem Spanischen übertragen von Fritz Vogelgsang. Luchterhand, Darmstadt und Neuwied 1975).

2 Vgl. Hernán Loyola, *Die letzten Tage von Pablo Neruda*, in: K. Garscha (Hg.), *Der Dichter ist kein verlorener Stein. Über Pablo Neruda*, Luchterhand, Darmstadt und Neuwied 1981, S. 226–232 (überarbeitet in »Sammlung Luchterhand« 450, Darmstadt und Neuwied 1983, S. 132–138).

3 Siehe Giuseppe Bellini, *La poesía póstuma de Pablo Neruda: entre la angustia y la esperanza*, in: A. Sicard (Hg.), *Coloquio Internacional sobre Pablo Neruda* (*La obra posterior al ›Canto General‹*), CRLA, Poitiers 1979, S. 21–46.

4 Anfang des 6. Gedichts: *Die Menschen*.

5 Die zwei letzten Strophen des Gedichts *Ein anderes Schloß*.

Chronologie

der wichtigsten Lebensabschnitte von Pablo Neruda und der Publikation seiner bedeutendsten Werke

12. Juli 1904	Geburt von (Ricardo Eliecer) Neftalí Reyes (Basoalto) in Parral (Südchile) als Sohn des Lokomotivführers José del Carmen Reyes und der Volksschullehrerin Rosa Neftalí Basoalto. Seit 1920 benutzt der Dichter das Pseudonym Pablo Neruda, das er am 28. 12. 1946 als seinen Namen legalisieren läßt. Seine Mutter stirbt sechs Wochen nach seiner Geburt an Tuberkulose.
1906	Umzug des Vaters nach Temuco (Südchile) und zweite Ehe mit Trinidad Candia Marverde.
1917	Veröffentlichung des ersten Artikels in der Zeitung *La Mañana* (Temuco).
1921	Neruda begibt sich zum Studium nach Santiago de Chile.
1923	Erstausgabe von *Crepusculario*.
1924	Erstveröffentlichung von *Zwanzig Liebesgedichte und ein Lied der Verzweiflung*.
1927–1932	Chilenischer Honorarkonsul in Rangun, Colombo, Batavia und Singapur.
1930	Hochzeit mit der Holländerin Maria Antonieta Hagenaar Vogelzanz.
1932	Rückkehr nach Chile. Zweite und definitive Ausgabe von *Zwanzig Liebesgedichte und ein Lied der Verzweiflung*.
1933	Erstausgabe von *Der begeisterte Schleuderer* (zehn Jahre nach der Abfassung). Chilenischer Konsul in Buenos Aires. Erste Begegnung mit Federico García Lorca. Erstausgabe von *Aufenthalt auf Erden (1925–1931)*.

1934 Chilenischer Konsul in Barcelona. Geburt seiner Tochter Malva Marina. Lernt die Argentinierin Delia del Carril kennen.

1935 Chilenischer Konsul in Madrid. Die spanischen Dichter feiern ihn mit dem Buch *Homenaje a Pablo Neruda de los poetas españoles (Ehrengabe der spanischen Dichter an Pablo Neruda)*. Publikation der Zeitschrift *Caballo Verde para la Poesía (Grünes Pferd für die Dichtung)*. Publikation von *Aufenthalt auf Erden (1925–1935)*.

1936 Nach dem Ausbruch des Spanischen Bürgerkriegs wird Pablo Neruda als Konsul abgesetzt. Trennung von Maria Antonieta Hagenaar Vogelzanz.

1937 Rede in Paris auf Federico García Lorca. Engagement zugunsten der spanischen Republik. Erstausgabe von *Spanien im Herzen*.

1938 Tod seines Vaters und seiner Stiefmutter. Politisches Engagement in Chile für Pedro Aguirre Cerda, den Präsidentschaftskandidaten der Volksfront.

1939 Chilenischer Konsul für die spanischen Emigranten in Paris. Organisiert die Überfahrt spanischer Flüchtlinge nach Chile auf dem umgebauten Frachtschiff »Winnipeg«.

1940 Chilenischer Generalkonsul in Mexico-Stadt.

1941 Die Universität von Mexico-Stadt publiziert *Gesang für Bolívar*.

1942 Liest im Auditorium maximum *Gesang für Stalingrad*, der dann überall in Mexico-Stadt als Plakat angeschlagen wird.

Tod seiner kranken Tochter Malva Marina.

1943 Reise in die USA. Triumphale Rückkehr nach Chile über Panama, Kolumbien, Peru (wo er Lima, Cuzco, Macchu Picchu und Arequipa besucht).

1944 Erhält den Lyrik-Preis der Stadt Santiago de Chile.

1945 Wahl zum Senator für die nordchilenischen Provinzen Tarapacá und Antofagasta. Eintritt in die Kommunistische Partei Chiles. Reise nach Brasilien.

1946 Wahlkampfleiter des chilenischen Präsidentschaftskandidaten Gabriel González Videla. Erste Begegnung mit Matilde Urrutia in Santiago.

1947 Publikation von *Dritter Aufenthalt.*

1948 Pablo Neruda hält am 6. Januar im Senat die Rede *Ich klage an* gegen den politischen Kurswechsel des Präsidenten González Videla; darauf wird er als Senator abgesetzt und polizeilich gesucht. Verbot der Kommunistischen Partei Chiles. Neruda lebt bis Februar 1949 im Untergrund.

1949 Abenteuerliche Flucht aus Chile. Ernennung zum Mitglied des Weltfriedensrates. Er trifft in Mexico-Stadt Matilde Urrutia wieder.

1949–1952 Exil. Zahllose Reisen nach Amerika, Europa und Asien (Indien, Volksrepublik China).

1950 Erstausgabe von *Der Große Gesang* in Mexico-Stadt. Erhält den Internationalen Friedenspreis.

1952 Aufenthalt auf Capri, zusammen mit Matilde Urrutia. Anonyme Publikation von *Die Verse des Kapitäns* in Neapel. Triumphale Rückkehr nach Chile.

1953 Erhält den Stalinpreis.

1954 Erstausgabe von *Elementare Oden* und *Die Trauben und der Wind.* Zahlreiche Reisen und Ehrungen.

1955 Trennung von Delia del Carril und endgültige Verbindung mit Matilde Urrutia.

1956 Erstausgabe von *Neue Elementare Oden.*

1957 Wahl zum Präsidenten des Chilenischen Schriftstellerverbandes.
Erstausgabe von *Drittes Buch der Oden.*

1958 Beteiligung am Präsidentschaftswahlkampf in Chile. Erstausgabe von *Estravagario (Extravaganzenbrevier)*.

1959 Erstausgabe von *Seefahrt und Rückkehr*.

1960 Zahlreiche Reisen, Aufenthalte in Paris und in Kuba. Erstausgabe von *Heldenepos*.

1961 Ernennung zum korrespondierenden Mitglied des Instituts für Romanische Sprachen der Universität Yale (USA).

1962 Ernennung zum akademischen Mitglied der Philosophischen Fakultät der Universität von Chile in Santiago.

1964 Vortragsreihe zum 60. Geburtstag des Dichters in der chilenischen Nationalbibliothek. Aktive Beteiligung am Präsidentschaftswahlkampf.
Erstausgabe von *Memorial von Isla Negra*.

1965 Dr. h. c. der Universität von Oxford.

1966 Reisen in Nord- und Südamerika. Legalisiert in Chile seine im Ausland geschlossene Ehe mit Matilde Urrutia.

1967 Reisen in Europa.

1968 3. Ausgabe der *Vollständigen Werke* (Losada, Buenos Aires).
Erstausgabe von *Die Hände des Tages*.

1969 Ernennung zum Präsidentschaftskandidaten der Kommunistischen Partei Chiles; Wahlkampf; Verzicht zugunsten von Salvador Allende.
Erstausgabe von *Weltende* und *Noch*.

1970 Erstausgabe von *Das flammende Schwert* und *Die Steine des Himmels*. Wahlkampf; nach dem Sieg der Volksfront Ernennung zum Botschafter Chiles in Paris.

1971 Nobelpreis für Literatur.

1972 Die Regierung und das chilenische Volk ehren Pablo Neruda im Nationalstadion von Santiago.

5. 2. 1973 Aus Gesundheitsgründen Rücktritt von seinem Botschafterposten.

11. 9. 1973 Sturz und Tod von Salvador Allende.

23. 9. 1973 Pablo Neruda stirbt in Santiago de Chile.

1974 Publikation der Memoiren *Ich bekenne ich habe gelebt* und der acht postumen Lyrikbücher *Die abgeschnittene Rose, Garten im Winter, 2000, Das gelbe Herz, Buch der Fragen, Elegie, Das Meer und die Glocken, Ausgewählte Mängel.*

1978 Publikation der Prosaschriften *Um geboren zu werden.*

5. 1. 1985 Matilde Urrutia de Neruda stirbt in Santiago de Chile.

April 1988 Die chilenische Regierung gibt Pablo Nerudas Erben sein bis dahin konfisziertes Haus in Isla Negra zurück.

Namen und Daten

Aconcagua Höchster Berg Amerikas (6958 m), in den argentinischen Anden, nordöstlich von Santiago de Chile gelegen.

Alberto Neruda widmet den 4. Teil des *Memorial von Isla Negra – Der Wurzeljäger* – dem spanischen Bildhauer Alberto Sánchez, der am 1. Februar 1964 in Moskau starb und dessen kastilisch-karge Skulpturen Neruda diesen Titel eingaben.

Antofagasta Hafenstadt im Norden Chiles; Ausfuhrhafen für Kupfer und Salpeter. Von den nordchilenischen Provinzen Antofagasta und Tarapacá wird Neruda im März 1945 zum chilenischen Senator gewählt.

Araukanien = Südchile, wo Pablo Neruda geboren wurde und aufwuchs. Eigentlich: Land der Araukaner, d. h. des Indianervolkes, das Südchile vor der europäischen Eroberung bewohnte und besaß.

Arce, Homero (1901–1977), chilenischer Dichter und lebenslanger Freund von Pablo Neruda. Seinen Gedichtband *Los íntimos metales* (1963) hat Neruda illustriert. Seit 1952 ist Arce der Sekretär des Dichters.

Arequipa Stadt in Süd-Peru mit wunderschönen Bauten aus der spanischen Kolonialzeit.

Baudelaire, Charles (1821–1867). Mit dem Dichter der *Fleurs du Mal* hat sich Neruda von frühester Jugend an beschäftigt.

Benjamín Gemeint ist – in *Garten im Winter* – der chilenische Dichter Benjamín Subercaseaux (1902–1973), der am gleichen Tag starb wie Manuel Rojas, und zwar in Tacna (Peru).

Ceylon (Sri Lanka) Neruda ist von 1928 bis 1930 chilenischer Konsul in Colombo auf Ceylon. 1957 besucht er auf einer Asienreise Colombo, ohne auf ein bekanntes Gesicht aus seiner frühen Zeit zu treffen.

Chillán Ort an der südchilenischen Eisenbahnlinie, südlich von Parral; aus Chillán stammt Matilde Urrutia, Nerudas dritte Frau.

Condé-sur-Iton Kleiner Ort in der Normandie, wo Neruda ein Haus besaß, als er chilenischer Botschafter in Frankreich war (1971–1973).

Curacautín Südchilenischer Ort, nordöstlich von Temuco.

Darío, Rubén (1867–1916), einer der bedeutendsten Dichter Lateinamerikas. Er stammt aus Nicaragua und ist der hauptsächliche Vertreter des hispano-amerikanischen Modernismo. Sein wichtigstes Gedichtbuch heißt *Azul* (1888).

Ehrenburg, Ilja (1891–1967), bedeutender Schriftsteller und Journalist aus der Sowjetunion; enger Freund von Pablo Neruda.

Gogol, Nikolai Wassiljewitsch (1809–1852), einer der bedeutendsten russischen Schriftsteller des 19. Jahrhunderts; mit Puschkin befreundet.

Góngora y Argote, Luis de (1561–1627), spanischer Barockdichter, Schöpfer des nach ihm benannten gongorinischen (gelehrten, »kulteranistischen«) Stils in der spanischen Dichtung. Die jungen spanischen Poeten der *Generation von 1927* haben ihn wiederentdeckt.

*Guevara Serna, Ernesto (*genannt *Che Guevara)* (1928–1967), argentinischer Arzt, kämpfte seit 1955 an der Seite von Fidel Castro gegen den kubanischen Diktator Batista; nach der kubanischen Revolution war er Präsident der kubanischen Nationalbank (1959–1961) und Industrieminister. Als er versuchte, auch in Bolivien die Revolution durch eine Volksguerilla herbeizuführen, wurde er dort am 9. 10. 1967 erschossen.

Hugo, Victor (1802–1885), einer der einflußreichsten französischen Dichter des 19. Jahrhunderts, besonders viel gelesen in Lateinamerika.

Iquique Nordchilenische Küstenstadt.

Isla Negra = »Schwarze Insel«, ist aber weder schwarz noch eine Insel, sondern eine Landzunge, etwa 40 km südlich von Valparaíso am Pazifik in Chile; beliebter Aufenthaltsort von Neruda, der dort ein Haus kauft und ausbaut.

Jewtuschenko, Jewgeni Alexandrowitsch (Geboren 1933), einer der bedeutendsten zeitgenössischen Dichter der Sowjetunion. Sein Gedicht *Stalins Erben* (1962) über die Entstalinisierung machte ihn international berühmt.

Jujuy Hauptstadt der gleichnamigen Provinz im Nordosten von Argentinien.

Kirsanow, Semën Isaakovič (Geboren 1906), russischer Dichter, Freund von Majakowski.

Kostaragua Phantasieland, kontaminiert aus Costa Rica und Nicaragua.

Laforgue, Jules (1860–1887), französischer Symbolist und Dichter des Fin-de-Siècle (in Montevideo geboren); in Nerudas Jugend in Lateinamerika vielgelesen.

Loncomilla Chilenische Stadt (und gleichnamiger Fluß) in der südchilenischen Provinz Linares.

Majakowski, Vladimir Vladimirovič (1893–1930), hervorragender russischer Dichter, gehört zum russischen Futurismus und zur Zeitschrift *LEF*. Begeht 1930 Selbstmord.

Mallarmé, Stéphane (1842–1898), wie mit Baudelaire und mit Rimbaud, so hat sich Neruda auch mit Mallarmé von Jugend an beschäftigt.

Manuel Gemeint ist – in *Garten im Winter* – der chilenische Dichter Manuel Rojas (1896–1973), der am gleichen Tag starb wie Benjamín Subercaseaux.

Maracaíbo Großstadt in Venezuela (Erdölraffinerien, Industrie, Hafen).

Marcenac, Jean (1913–1984), französischer Dichter; publiziert 1954 bei Seghers in Paris eine Auswahl von Nerudas Gedichten in französischer Übersetzung, als Band 40 der Reihe *Poètes d'aujourd'hui*.

María Siehe *Terusa* und auch *Rosaura* und *Zwanzig Gedichte*.

Marinello, Juan (1898–1977), kubanischer Dichter, Schriftsteller, Universitätslehrer und Politiker. Marinello hat sich wiederholt kritisch über Neruda geäußert.

Martí, José (1853–1895), kubanischer Dichter und Nationalheld; Führer des Befreiungskampfes gegen die spanische Kolonialmacht, in dem er 1895 fällt.

Matilde Siehe *Urrutia, Matilde*.

Mendoza Stadt in den argentinischen Anden, nordöstlich von Santiago de Chile.

Moais Steinkolosse auf der Osterinsel. Es gibt davon etwa 1000; sie sind 5–20 m lang und bis zu 80 t schwer. Sie wurden aus Tuffstein geschlagen; die Herstellungsstätte befindet sich am Kraterrand des Rana Raraku.

Nâzım Gemeint ist der türkische Dichter Nâzim Hikmet (1902–1963); Mitglied der (illegalen) Kommunistischen Partei der Türkei, von 1937 bis 1950 im Gefängnis, danach im Exil. Freund von Pablo Neruda.

Oruro Hauptstadt der gleichnamigen Provinz in Bolivien; liegt 3600 m hoch; zuerst Silber-, dann Zinn-Minen-Stadt.

Ovalle Stadt in der nordchilenischen Provinz Coquimbo.

Parral Im südlich von Santiago de Chile gelegenen Ort Parral kommt Pablo Neruda am 12. Juli 1904 als Sohn von José del Carmen Reyes Morales und seiner Frau Rosa Neftalí Basoalto Opazo zur Welt. Seine Mutter stirbt einen Monat nach seiner Geburt. Sein Vater heiratet 1906 wieder, und zwar Trinidad Candia Marverde. 1906 zieht die Familie nach Temuco.

Patagonien Der südlichste Teil Südamerikas (südlich des Río Colorado), überwiegend zu Argentinien gehörig.

Paysandú Hauptstadt des gleichnamigen uruguayischen Departements.

Pedro Páramo Hauptfigur des berühmten Romans *Pedro Páramo* (1955) des mexikanischen Erzählers *Juan Rulfo* (siehe dort).

Puschkin, Alexander Sergejewitsch (1799–1837), wegweisender russischer Dichter und Schriftsteller. Hauptwerke: *Eugen Onegin, Boris Godunow.*

Quevedo y Villegas, Francisco de (1580–1645), einer der bedeutendsten Dichter und Schriftsteller des spanischen »Goldenen Zeitalters«. Pablo Neruda hat sich Quevedos satirische Feder vielfach zum Vorbild genommen. 1935 gibt er dessen *Todessonette* mit einer Einleitung heraus.

Rana Raraku Vulkan auf der Osterinsel, die zu Chile gehört.

Rapa Nui Polynesischer Name der Osterinsel.

Régnier, Henri de (1864–1936), französischer Lyriker und Romancier, Hauptvertreter des Neosymbolismus und des Neoklassizismus.

Rimbaud, (Jean Nicolas) Arthur (1854–1891); schon als Schüler war Neruda von Rimbaud fasziniert.

Rosaura Albertina Rosa Azócar (geboren 1903), die Schwester von Nerudas Jugendfreund Rubén Azócar. Sie ist eine seiner großen Jugendlieben und hat viele seiner frühen Liebesgedichte inspiriert. Sie entspricht der städtisch-studentischen *Marisombra* (»Marie-Schatten«), von der Neruda in seinen Memoiren *Ich bekenne ich habe gelebt* (S. 68) berichtet. Sie heiratet 1935 Angel Cruchaga (1893–1964), einen Dichter und weiteren Jugendfreund von Neruda. Der Banco Exterior de España hat 1983 in Madrid 115 Liebesbriefe Nerudas an Albertina ausgestellt und in einer Faksimile-Ausgabe publiziert. 111 dieser Briefe wurden bereits 1974 von Sergio Fernández Larraín herausgegeben (Ediciones Rodas, Buenos Aires). Curt Meyer-Clason hat sie ins Deutsche übersetzt: P. Neruda, *Liebesbriefe an Albertina Rosa,* Insel, Frankfurt am Main ^{2}1976). Siehe auch *Terusa* und *Zwanzig Gedichte.*

Rulfo, Juan (1918–1986), hervorragender mexikanischer Erzähler, berühmt durch den Erzählband *Der Llano in Flammen* (1953) und den Roman *Pedro Páramo* (1955).

Samain, Albert (1858–1900), französischer Lyriker, Vertreter des Neosymbolismus und des Neoklassizismus, Mitbegründer des *Mercure de France*.

(Auf der) Suche nach der verlorenen Zeit Angespielt wird auf den Romanzyklus von Marcel Proust.

Tacna Hauptstadt der gleichnamigen Provinz in Südperu, an der Grenze zu Chile und Bolivien. Schauplatz blutiger Kämpfe zwischen Peru und Chile im Salpeterkrieg (1879–1884), 1883 von Chile besetzt, 1929 an Peru zurückgegeben.

Talca Städtchen an der südchilenischen Eisenbahnlinie, nördlich von Parral.

Temuco Südchilenische Stadt. Hier hat Neruda seine Kindheit und Jugend verbracht (1906–1921).

Teresa Siehe *Terusa* und auch *Rosaura* und *Zwanzig Gedichte*.

Terusa Teresa León Bettiens (gestorben 1972 in Santiago de Chile): eine der leidenschaftlichsten Jugendlieben von Pablo Neruda. Sie hat viele seiner frühen Liebesgedichte inspiriert und entspricht der ländlich-idyllischen *Marisol* (»Marie-Sonne«), von der Neruda in seinen Memoiren *Ich bekenne ich habe gelebt* (S. 68) berichtet. Siehe auch *Rosaura* und *Zwanzig Gedichte*.

Urrutia, Matilde Die dritte Frau von Pablo Neruda. Er trifft sie 1946 zum ersten Mal in Chile (sie stammt, wie er, aus dem chilenischen Süden), begegnet ihr dann 1949 in Mexico wieder, wo sie ihn pflegt, als er schwer krank wird. Ein Kind, das sie von Neruda erwartet, verliert sie auf einer Reise nach Guatemala (1950). Beide verbringen im Winter 1951/52 und im Frühjahr 1952 eine glückliche Zeit auf Capri. Aus dieser Liebe entsteht der Gedichtband *Die Verse des Kapitäns* (1952) und später *Hundert Liebessonette* (1960). Seit 1955 leben Pablo

Neruda und Matilde Urrutia ständig zusammen. 1966 wird ihre im Ausland geschlossene Ehe in Chile legalisiert. Im September 1983, zum 10. Jahrestag von Nerudas Tod, trat Matilde zum letzten Mal in der Öffentlichkeit auf, um vor einer großen Menschenmenge Gedichte von Neruda in Santiago de Chile vorzutragen. Am 5. Januar 1985 ist sie, im Alter von 70 Jahren, in Santiago gestorben.

Valparaíso Hafenstadt unweit von Santiago de Chile am Pazifik. Neruda hat sich dort sein drittes Haus gebaut (»La Sebastiana«).

Veilchen Violett ist in Chile die Farbe der Trauer und des Todes; daher ist dort das Veilchen eine Totenblume.

Villarrica Ort südlich von Temuco in Südchile.

Zwanzig Gedichte Gemeint ist Nerudas Gedichtband *Zwanzig Liebesgedichte und ein Lied der Verzweiflung* (1924), das populärste lyrische Buch der lateinamerikanischen Literatur mit über 1000 Auflagen. Siehe auch *Rosaura* und *Terusa*.

Inhalt

Das postume lyrische Werk

Die abgeschnittene Rose
(Übersetzt von Monika López)

Garten im Winter

(Übersetzt von Monika López. Die mit ⋆ versehenen Titel wurden von Fritz Vogelgsang übersetzt.)

2000

(Übersetzt von Monika López. Die mit ⋆ versehenen Titel wurden von Fritz Vogelgsang übersetzt.)

Das gelbe Herz

(Übersetzt von Monika López. Die mit ⋆ versehenen Titel wurden von Fritz Vogelgsang übersetzt.)

(Übersetzt von Monika López)

Ausgewählte Mängel

*(Übersetzt von Monika López. Die mit * versehenen Titel wurden von Fritz Vogelgsang übersetzt.)*

Pablo Neruda

im Luchterhand Literaturverlag

Das lyrische Werk
Hg. von Karsten Garscha
3 Bände. Leinen
Der Chilene Pablo Neruda, Nobelpreisträger, Historiker seines Kontinents, überwältigender Liebeslyriker und engagierter politischer Dichter, dessen Wort oft genug Aktion wurde, hat das wohl umfangreichste lyrische Werk von Rang in unserem Jahrhundert geschaffen. Dieses Werk liegt nun in einer dreibändigen Ausgabe von rund 3000 Seiten vor.

Während die Bände 1 und 2 des *Lyrischen Werkes* alle wichtigen Gedichtzyklen des Dichters enthalten, bietet der 3. Band eine entscheidende Neuerung. Zugänglich wird jetzt ein im deutschsprachigen Raum weitgehend unbekannter Neruda. Zum ersten Mal werden die Gedichtzyklen aus den letzten fünfzehn Lebensjahren des Dichters publiziert, also jenes großartige Alterswerk, das entstanden ist, nachdem die Verbrechen Stalins aufgedeckt waren, und sich Pablo Neruda, politisch ernüchtert, für seinen Freund und Kampfgefährten Salvador Allende einsetzte, als chilenischer Botschafter in Paris und später als Wahlkämpfer. Zudem wurde in diesen Band das posthume Lyrik-Werk des Dichters komplett aufgenommen. Bisher lagen die späten Gedichtzyklen nur in spanischer Sprache vor. Monika López hat die Übersetzung dieses umfangreichen und für das Verständnis Pablo Nerudas entscheidenden Alterswerks besorgt. Der Herausgeber, Karsten Garscha, hat den informativen Anhang zusammengestellt. In seinem Nachwort erläutert er die für deutsche Leser unbekannten biografischen Anlässe, die politischen und literarischen Absichten Nerudas. Ein Glossar mit Worterklärungen beschließt den Band. Mit dem 3. Band ist die Edition von Pablo Nerudas *Lyrischem Werk* vollständig und abgeschlossen.

Pablo Neruda

in der Sammlung Luchterhand

Ich bekenne, ich habe gelebt
Memoiren
Aus dem Spanischen und mit einem Nachwort von Curt Meyer-Clason
364 Seiten. SL 220

Chile, mein Land
Gedichte und Bilder
Hg. von Federico Schopf
Bildbuch. 128 Seiten
SL 515. Originalausgabe

Das lyrische Werk Pablo Nerudas in der Sammlung Luchterhand:

Letzte Gedichte
Spanisch-deutsch. Hg. und übersetzt von Fritz Vogelsang
212 Seiten. SL 201

Liebesgedichte
Spanisch-deutsch. Hg., übersetzt und mit einem Vorwort von Fritz Vogelsang
236 Seiten. SL 232

Elementare Oden
Übersetzt von Erich Arendt
Hg. von Karsten Garscha
624 Seiten. SL 421

Der große Gesang
Gedichte
Übersetzt von Erich Arendt
Hg. von Karsten Garscha
544 Seiten. SL 422

Aufenthalt auf Erden
Gedichte
Übersetzt von Erich Arendt
204 Seiten. SL 423

Extravaganzenbrevier
Gedichte
Übersetzt von Erich Arendt
Hg. von Karsten Garscha
152 Seiten. SL 532

Memorial von Isla Negra
Übersetzt von Erich Arendt
Hg. von Karsten Garscha
252 Seiten. SL 533

Die Trauben und der Wind
Gedichte
Übersetzt von Erich Arendt
Hg. von Karsten Garscha
328 Seiten. SL 534

Seefahrt und Rückkehr
Gedichte
Übersetzt von Monika López
Mit einem Nachwort von Karsten Garscha
144 Seiten. SL 535
Als Pablo Neruda tief verunsichert, seine politischen Ansichten nach den Erschütterungen durch den XX. Parteitag der Moskauer Kommunisten einer Revision unterwarf, entdeckte er den Lateinamerikanischen Kontinent und seine Menschen als Kraftquelle wieder.

Die Hände des Tages
Weltende
Noch
Übersetzt von Monika López
Hg. von Karsten Garscha
256 Seiten. SL 536

Erzählungen aus Lateinamerika

im Luchterhand Literaturverlag

**Ein neuer Name,
ein fremdes Gesicht**
26 Erzählungen aus Lateinamerika
Gesammelt und ins Deutsche übertragen von José A. Friedl Zapata
376 Seiten. Leinen

»Lateinamerika – ein faszinierendes Länderkonglomerat, der an Widersprüchen, Gegensätzen, Ambivalenzen vielleicht reichste Kontinent dieser Erde. Ein Land, das gerade deshalb zur Klischeebildung verführt und das Lateinamerikabild vieler Europäer mit vagen Vorstellungen von Bananenrepublik, Exotik, Chaos und Diktatur anfüllt. Diesem Denken mit der Aussagekraft von Literatur entgegenzuwirken, ist das Bestreben von José Antonio Friedl Zapata und seiner Anthologie mit dem Untertitel ›26 Erzählungen aus Lateinamerika‹ ... Mosaiksteine einer uns weitgehend unbekannten Welt werden zusammengesetzt, gespiegelt in Schicksalen von Intellektuellen und Bauern, Emigranten und Verfolgten, von Kindern, Frauen und Männern, von Menschen, die einander und auch sich selbst im Dschungel der ebenso alltäglichen wie gefährdeten Erfahrungswelt verlieren ...
Der Schriftsteller in seiner Verantwortung als moralische Instanz hat unablässig Stellung zu nehmen. Er hilft damit anderen bei ihrer Positionssuche. Jede Erzählung entspringt einer anderen Erzählung, heißt es an einer Stelle. Auf diesem Weg unbestimmter Länge werden Autor und Leser zu Verbündeten mit der gemeinsamen Hoffnung auf eine bessere Zukunft.«
Zitty

»Die Lektüre von José Friedl Zapatas facettenreicher Anthologie ist eine Entdeckungsreise durch einen Kontinent, dessen erzählerischer Reichtum – das prägt uns der kenntnisreiche Herausgeber ein – längst nicht mit der letzten Seite endet.« *Frankfurter Rundschau*